Lauben, Pergolen, Pavillons

Planung und Konstruktion
lauschiger Sitzplätze im Garten

Joachim Breschke

Lauben, Pergolen, Pavillons

Planung und Konstruktion lauschiger Sitzplätze im Garten

Naturbuch Verlag

Der Autor:
Joachim Breschke, Fachjournalist und Sachbuchautor, hat bereits im elterlichen Landschaftsbaubetrieb angefangen, praktisch gestalterisch zu arbeiten. Seit dem Studium gibt er gärtnerische und handwerkliche Fachpressedienste heraus. In den letzten 40 Jahren hat er zudem über 80 Gartenbücher veröffentlicht.

Bildnachweis:
Felbinger 23, 27 31, 58u
Himmelhuber 17, 241, 26, 40, 42, 45 (3), 57, 58o
Reinhard 2/3, 13, 38, 61o, 66u, 67 (2), 68, 69, 70, 71
Sammer 10/11, 14, 18, 34, 56, 59
Stehling 6/7, 15, 16, 22, 25, 28/29, 30, 32/33, 48, 49, 50 (3), 61u, 68/69
Strauß 8, 60, 62, 63, 72, 75
Sulzberger 64, 64/65, 65, 66o, 73 (3)
Werkfoto Gaidt, Bochum 47
Werkfoto Glas-Hetterich, Gelnhausen 52
Werkfoto Hölscher und Leuschner, Emsbüren 55u
Werkfoto KÜPA, Paderborn 46
Werkfoto Riwo, Dommershausen 21, 53
Werkfoto Sieben Eujen, Emden 54, 55o
Werkfoto Werth, Finnentrop 24r, 35
Titelseite: Sammer(l), Strauß (r+u)

Die Deutsche Bibliothek – CIP-Einheitsaufnahme

Lauben, Pergolen, Pavillons : Planung und Konstruktion lauschiger Sitzplätze im Garten / Joachim Breschke. [Hrsg. und Red.: Robert Sulzberger]. – Augsburg : Naturbuch-Verl., 1994
   (Die praktische Gartenbibliothek)
   ISBN 3-89440-105-2
NE: Breschke, Joachim; Sulzberger, Robert [Hrsg.]

Naturbuch Verlag
© 1994 Weltbild Verlag GmbH, Augsburg
Alle Rechte vorbehalten
Herausgeber und Redaktion: Robert Sulzberger, Freising
Konzeption: Anton Walter, Gundelfingen
Layout: Ruth Bost, Augsburg
Zeichnungen: Helmut Flubacher, Fellbach
Umschlaggestaltung: Peter Engel, Grünwald
Satz: Gesetzt aus der 9,5 p. Rockwell Light in QuarkXPress von Ruth Bost, Weltbild Verlag, Augsburg
Reproduktionen: Repro Ludwig, A-Zell am See
Druck und Bindung: Appl, Wemding
Printed in Germany
ISBN 3-89440-105-2

Gedruckt auf chlorfrei gebleichtem Papier.

Inhalt

Lauschige Plätze

Pavillons, Pagoden, Pergolen, Gartenhäuser, Lauben und andere lauschige Sitzplätze im Garten stehen wieder hoch im Kurs. Geradezu eine Renaissance erleben die barocken und romantischen Zierbauten in verspielten Formen und aus kostbarem Material. Sie stehen entfernt vom Wohnhaus als Blickfang im Goldenen Schnitt der Raumgestaltung, Mittel- und Höhepunkt der Gartenarchitektur. So ein stilvoll gestalteter Sitzplatz kann den gesamten Garten beherrschen. Er ist nach allen Richtungen in die Bepflanzung geöffnet, nur zur Grundstücksgrenze hin von höheren, dichten Ziergehölzen abgeschirmt.

Sehnsuchtsvoll nach einer unbedrohten Vergangenheit zurückzuträumen, ist nicht der einzige Zweck dieser nostalgischen Gartenhäuser. Sie werden zu Gartenparties und nachmittäglichem Kaffeeklatsch benutzt, hier wird mit den Kindern gespielt, mit Freunden Schach und Skat. Der Buchfreund liest und schreibt hier beflügelt von Vogelsang und Bienensummen, und es geschehen zarte und atemberaubende Dinge.

Die Amerikaner haben ein neues Wort dafür erfunden, sie nennen es *cocooning*. Das kommt von Kokon und bedeutet »sich einspinnen«, »zu Hause bleiben« – nicht länger in der Weltgeschichte herumreisen, sondern sich auf die inneren Werte besinnen, das Heim wieder schätzen lernen. Das bedeutet auch, daß die Menschen wieder stärker als noch vor zehn, fünfzehn Jahren bestrebt sind, ihren Garten mit Pflanzen, aber auch architektonisch zu verschönen. Dabei zeichnet sich deutlich ein

Trend zur ländlichen Romantik, zum Barock- oder Renaissance-Stil ab. Daneben ist auch eine Neigung erkennbar, Stile fremder Kulturen zu kopieren, vor allem aus Fernost, ebenso wie Mexiko und Mittelmeer. Auffällig ist die schroffe Kehrtwendung, weg von Postmoderne und Plastik, hin zu umweltfreundlichen, natürlichen Produkten und heimischen Pflanzen, die weniger chemisch geschützt werden müssen. In den Vereinigten Staaten ist das eine regelrechte Bewegung geworden, die eine nomadenhaft herumziehende Bevölkerung seßhafter macht. Wie alle bisherigen US-Wellen ist auch diese über unser Land geschwappt.

Der volkswirtschaftliche Nutzen einer solchen Rückbesinnung liegt auf der Hand: Mehr Autarkie in frischer Luft hilft dem überforderten Gesundheitswesen ebenso wie der Leistungsbilanz.

Es muß erlaubt sein, nach dem Nutzen schöner Dinge zu fragen. Das ist gar nicht profan, wie schon die weisen Chinesen erkannt hatten: Wenn du zwei Brote hast, gib eins weg und nimm dir Blumen dafür. Nahrung für die Seele - das ist es, was uns so lange gefehlt hat, als die letzten Gartenhäuser leerstanden, die Farbe abgeblättert, ein paar Gartengeräte und ein Haufen Sperrmüll darin untergebracht waren. Schönheit in diesem

einfachen Sinn ist vor allem einmal sauber, rein und klar. Wer im Garten morgens die Regenbogenfarben im Tautropfen blitzen sieht und in die frisch erblühte Rose blickt, ist für den Tag besser gerüstet. Auch ein lauschiger Sitzplatz im Garten ist im Idealfall ein so schlichtes und doch erhebendes Erlebnis.

Möglichkeiten und Definitionen

Eine Gartenbank ist der einfachste Sitzplatz unter freiem Himmel. Sie ist ebenso lauschig, wenn sie einge-

rahmt wird von schön belaubten, blühenden und duftenden Ziersträuchern, die von drei Seiten Wind- und Sichtschutz bieten. Riesenschirme stehen in den Gärten, die als Dach über freien Sitzplätzen dafür sorgen, daß man nicht beim ersten Regentropfen ins Haus flüchten muß und daß die Gartenmöbel trocken bleiben. Sie sind passend zum Gartenstil mit Markisenstoff oder Reetdach gedeckt.

Die schlichte Laube war ursprünglich ein von Laub umgebener Sitzplatz frei im Garten, also ein Rankgerüst. Die alten Ägypter bauten sie schon so, wie sie heute noch in den Ländern am Mittelmeer zu sehen sind: zwei hohe und zwei kurze Stämme als Stütze für ein schräges Gitterwerk, das dicht von Weinreben bedeckt ist.

Auch das Wort Pergola bedeutete im Italienischen anfangs eine Weinlaube, von lateinisch *pergula* = bedachter Vorraum. Später wurde daraus ein auf Pfosten oder Säulen stehender Laubengang, der von Kletterpflanzen berankt ist. Heute bezeichnet man damit jede Art von dauerhaftem Rankgerüst, das mehr oder weniger frei durch den Garten führt. Von den Dachbalken des grünen Korridors sind der einhüftigen Pergola nur die verkürzten Querleisten auf den Längsbalken geblieben. Sie thronen ein bißchen sinnlos da oben, weil sie keinen nennenswerten praktischen Nutzen mehr haben. Kaum, daß sie einige langtriebige Kletterpflanzen festhalten und herunterhängen lassen.

Das neue Gartenglück ist ein wetterfester Wohnraum im Freien, umkränzt von duftenden, bunten Blumen, umhegt von grenzbewachenden Gehölzen.

Da sie anfingen, auf kleineren Rankgerüsten wie eine Harke zu wirken, hat man sie ganz weggelassen und ist dazu übergegangen, die senkrechten Stäbe oben nur mit einer Längsleiste zu verbinden, gerade noch stabil genug, um die schwere Pflanzenwand auch im Wind aufrecht zu halten.

Ein festes Bauwerk wurde im Barock, Biedermeier, Rokoko und Klassizismus der Pavillon, obwohl das Wort vom Lateinischen *papilio* = Schmetterling hergeleitet ist. Es kam aus Frankreich zu uns und bedeutet im übertragenen Sinne ein Zeltdach. Für den heutigen Garten sind die freistehenden, kleinen Gartenhäuser nach allen Seiten offen oder verglast, rund, quadratisch oder polygonal, meist sechs-, aber auch vieleckig.

Die Freude an der fernöstlichen Gartenkunst belebt auch die Pagodenform wieder, die von den turmartigen Tempelbauten aus Indien hergeleitet ist. Sie sind in zierlich überstehende Stockwerke gegliedert.

Die Postmoderne und ihre besorgte Rückkehr zur Natur hat Omas Liebeslaube nach historischen Vorbildern, den griechischen Rundtempeln wie Kapellen und Schäferhütten, Eremitagen, burg- und kapellenähnliche Bauformen, mit einem Wort Einsiedeleien, wieder hoch in Mode gebracht. Ein völlig neuer Sektor des Gartenbedarfs ist entstanden: Nach romantisch verspielten Vorbildern werden Fertighäuser für lauschige Gartenwinkel in reicher Fülle angeboten. Sie sind naturgemäß aus zeitgenössischem Material hergestellt, deshalb solide und haltbar, aber historisch gerecht. Sie dürfen ohne Baugenehmigung aufgestellt werden, wenn sie 30 m^3 umbauten Raum nicht überschreiten. Die handelsüblichen Modelle bleiben darunter. Sonst ist nach Paragraph 62/1 Bundesbaugesetz ein Bauantrag mit Zeichnung, Beschreibung, Lageplan und Statik zu stellen.

Grundsätzliche
Überlegungen

Die Nutzung

Die alten griechischen Philosophen waren vernarrt in Gartenlauben, weil sie da klarer denken und besser reden konnten. Es waren die beliebtesten geselligen Mittelpunkte. Dieser Wohnraum unter freiem Himmel ist heute wieder groß in Mode. Hier kann man nicht nur sitzen, hier spielt sich bei gutem Wetter das gesamte Familienleben ab. Da wird das Gemüse geputzt, das gerade von den eigenen Beeten geerntet wurde, und es wird gemütlich gegessen. Die Kinder machen hier ihre Schularbeiten und können viel besser herumtoben als im Haus.

Es läßt sich natürlich auch einiges unterbringen, was nicht ständig ins Haus getragen werden soll: die Gartenmöbel und das Grillgerät, Gartengeräte, Spielzeug und das Meerschweinchen. Am Gartenhaus befestigt ist die elektrische Installation für Beleuchtung, Musik und netzabhängige Geräte. Ein Wasserhahn weiter vom Wohnhaus entfernt erleichtert ganz ungemein die Bewässerung und Nachschub für das Feuchtbiotop.

Die **Pergola** führt neben und über dem Weg zum Sitzplatz im Freien. Gerade im kleinen Garten ist das Rankgerüst ein großer Gewinn. Es verengt den Raumeindruck nicht, sondern erweitert die optische Wirkung. Es trennt Gartenteile ebenso wie es andere verbindet: Gartentor und Haustür, die Garage mit der Straße als eine Art grüner Carport. Es schützt vor Wind und Wetter, vor Einblicken von draußen und verdeckt, was man weniger gern sehen möchte: Kompostplatz, Mülltonnen, Gerätebox und Gießwassertonnen. Die verschließbare **Gerätebox** im Freien ist unverzichtbar geworden, wo es in Keller, Garage oder anderen Nebenräumen nicht genug sichern Platz für wert- oder gefahrvolle

Betriebsmittel der Gärtnerei gibt. Das ist nicht nur wichtig für ihren Schutz, es ist auch gesetzlich geboten, damit sich Unbefugte nicht daran verletzen können. Einseitig oder rundum offene Gartenhäuser sind keinesfalls der geeignete Unterstellplatz für scharfe, spitze, elektrisch geladene oder leicht brennbare Geräte, für giftige oder auch nur reizende Stoffe.

Hier ist ein ganz neues Segment im Gartenmarkt entstanden: Mini-Gartenhäuser aus Holz oder Blech, die keinen anderen Zweck erfüllen, als den Gartenbedarf zu sichern. Natürlich sollen sie auch passabel aussehen. Deshalb gibt es Geräteschuppen wie Puppen-Blockhäuser mit überdachtem Vorplatz (um die Geräte vor dem Wegstellen zu reinigen), Gardinchen an den Fenstern und anderen Schnickschnack. Kleinere Schuppen sind nicht viel mehr als Blechbüchsen, oftmals unten offen, mithin von eher zweifelhaftem Nutzen, aber erheblich billiger.

Der richtige Standort

Der Standort für das Gartenhaus ist in einem Punkt eindeutig fixiert: Es steht immer weit genug vom Haus entfernt. Der Sitzplatz an der Hauswand mag beschirmt, überdacht und möbliert sein wie der draußen - er zählt mit zum Haus. Man nennt ihn Terrasse, obwohl das Wort nur dann korrekt zutrifft, wenn er höher liegt als der Garten. Der bevorzugte Standort für das Gartenhaus liegt im Goldenen Schnitt des Gartens.

Der Standort wird nur selten genau in der Mittelachse des Gartens liegen, vor allem auf kleineren Flächen meist auf der Linie vom Haus zu einer der beiden hinteren Ecken. So verläuft der Zuweg vom Haus seitlich und läßt die Rasenfläche oder andere Bepflan-

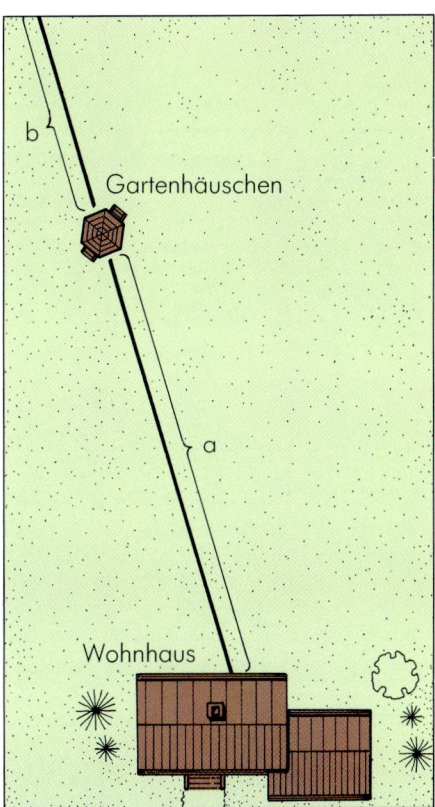

Der richtige Abstand vom Haus zum Gartenhaus wird nach den Regeln des Goldenen Schnitts ausgemessen.

Der offene Sitzplatz am Ufer des naturnahen Gartenteichs wird einfach und praktisch von einem einklappbaren Großschirm überdacht.

zung der Mitte unzerteilt. Wo es richtig eng ist, kann der hausferne Sitzplatz praktisch nur in einer der hinteren Ecken liegen, damit der Abstand vom Haus weit genug ist und der Blick über den ganzen Garten frei bleibt.

Sehen und gesehen werden ist in der Standortbestimmung einer der wichtigsten Punkte. Gartenhäuser sind Blickfänger oder, modern ausgedrückt, eye-catcher. Sie dürfen nicht in einen womöglich zugewachsenen Gartenwinkel gequetscht werden. Je schöner sie sind, um so freier müssen sie stehen. Auch der Riesenschirm sollte an keiner Seite anstoßen. Einfacher gebaute Kleingartenlauben haben solche ästhetischen Funktionen weniger wahrzunehmen. Sie sind deshalb mitunter besser dran, wenn sie von ein oder zwei Seiten verdeckt stehen.

Die Himmelsrichtung ist bei den zentral gelegenen Rundhäusern oder -plätzen ohne Bedeutung. In Randlagen mit einseitiger Ausrichtung wird man natürlich versuchen, die Sonne im Rücken zu haben. Das Dach soll ja nicht nur vor Regen schützen, sondern auch Schatten spenden. Nachmittags, wenn die Sonnenstrahlen flacher einfallen, kann es sonst ungemütlich warm werden. Wenn eine Seite des Sitzplatzes geschlossen ist, sollte es nach Möglichkeit die Wetterseite sein, also die vorherrschenden Westwinde fernhalten.

Nicht alle Gärten liegen topfeben in einer Höhe. Hängt das Grundstück

Der Sitzplatz unter dem Gartenschirm

Auch der große Gartenschirm ist rund oder mehreckig, mit oder ohne herabhängende Schabracke. Die textile Bespannung ist abnehmbar. Anders bei fixierten Runddächern, die wie ein Pilzhut auf einem kräftigen Mittelstamm stehen: Hier ist das Dach natürlich gedeckt, der biologischen Urform entsprechend.

nach einer Richtung, muß die Pergola in Stufen gebaut werden. Für den Sitzplatz sollte so terrassiert werden, daß der Fußboden nicht unter das umgebende Niveau zu liegen kommt. Für richtig steile oder spitzwinklig zulaufende Grundstücke müssen individuelle Lösungen gefunden werden.

Rechtliche Aspekte

Soll das Gartenhaus an die Grundstücksgrenze gestellt werden, ist das öffentliche Bau- und Nachbarrecht einzuhalten. Das ist hierzulande Ländersache und wird mit Bauplänen geregelt. Es muß also vor der Planung beim Bauordnungsamt nachgefragt werden. Grundsätzlich dürfen selbst kleinere Gartenhäuser unter 30 m³ Rauminhalt nur in Wohngebieten aufgestellt werden. Der Grenzabstand muß mindestens 3 m betragen. Ist das auf schmalen Grundstücken praktisch nicht machbar, muß der Nachbar zustimmen. Es kann mit seinem Einverständnis »grenzständig« gebaut werden, falls auf der Grundstücksgrenze eine feuerfeste Wand errichtet wird. Ist das vorgesehen, können Gartenhäuser so geplant werden, daß sie mit einer gemeinsamen Wand auf der Grenze zusammenstoßen.

Grundformen

Lauben und Gartenhäuser gibt es in vielen verschiedenen Bauweisen und Stilrichtungen. Aber in eine bestimmte Umgebung passen nur richtig ausgewählte Gartenhäuser. In den Naturgarten gehören Rundhölzer und Reetdach, zum spätmodernen, weißen Haus der Stahlträger mit Zirkuszelt. In den ländlich-romantischen Garten passen vergangene Zeitstile, zur japanisch inspirierten Gestaltung exotische Hausformen.

Der Grundriß einfacher **Blockhäuser** ist rechteckig oder quadratisch, der Sitzplatz davor ganz oder teilweise überdacht, meist mit flachem Giebel oder auf der höheren Seite überstehend. Die Wände sind häufig senk- oder waagerecht, seltener diagonal gebrettert, in besseren Ausführungen mit flachrunden Balken im Blockhausstil. Die schmucklosen Seiten werden vielfach mit Balkonkästen oder Ampeln behängt. An Rankgerüsten wächst ein bunter Wandbehang hoch.

Quadratische Grundmuster gibt es auch bei den kostbaren Bauten wie dem **englischen Sommerhaus** und Pavillon »Arkona«. Hier sind die Seiten großräumig geöffnet, nur seitlich der Eckbalken schmal vergittert, zu schade eigentlich zum Beranken. Darüber eine weiße, flache Pyramide als Dach.

Das klassische **Landhaus** ist über einem verschalten Sockel rundum verglast mit quadratischen Kleinscheiben. Der rote Grundton setzt sich im Walmdach fort, das mit Ziegeln gedeckt ist. Diese Dachform mit zurückgeneigten Giebeln, die ebenfalls ziegelgedeckt sind, wirkt ebenfalls länglich pyramidal.

Die Zahl der Ecken wächst bei **Pavillons** und **Pagoden** von sechs über acht bis polygonal und in wenigen Fällen zur Kreisform, die als offenes Halbrund der alten Laube am näch-

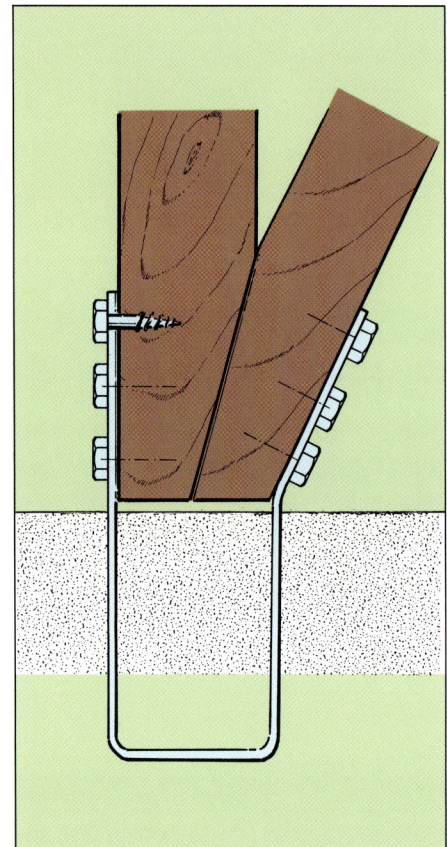

Damit das Holz nicht den nassen Boden berührt, schraubt man es an einem Doppelanker fest, der ins Fundament einbetoniert ist.

sten kommt. Es sind nur einzelne Stäbe mit wenigen Querstreben, die in der Mitte sanft gebogen zusammentreffen.

Nahezu rund sind die Glaskioske, die als Kleingewächshäuser gedacht waren und teilweise auch noch so genutzt werden (schon um nicht unter dem Brennglas in der Sonne zu schmoren).

Bei den historisch motivierten **Gartenhäusern** überwiegen sechs- und achteckige Formen. Teils sind sie so offen, daß nur die nackten Pfeiler über einem hüfthohen Geländer zu sehen sind. Andere sind halbseitig offen, die Rückseiten diagonal als Rankhilfe vergittert. Es gibt geschlossene Teehäuser mit Fensterbögen in

jedem Segment, die sich in den Türfenstern exakt wiederholen.

Die norddeutsche Folklore kehrt wieder unter dem runden Reetdach eines Achteckhauses mit breitem, blauem Rahmen um Fenster und Tür auf der weißen Wand und roten Eckpfosten. Über allem kräht der Wetterhahn auf dem Kreuz der Windrose. Hin zu literarischen Vorlieben führen eher putzige Puppenhäuser, die Goethes Gartenhaus im Tal der Ilm nachempfinden. Hier ist das Dach steil und geschindelt. Sonst ist häufig die aufgesetzte Haube bei weitem am auffälligsten. Da wird gelegentlich übertrieben mit Zwiebeltürmchen, pagodenhaft abgestuften, geschwungenen Chinadächern. Das Motiv der Turmhaube kehrt in unterschiedlichsten Spielarten wieder, mit Ausguck auf den Seiten und Taubenschlag an der Spitze. Die Abdeckung ist variantenreich von zisiliertem Silberblick über Grünspan bis zu schwarzem Schiefer mit weißen Kanten an jeder der vier oder acht Ecken und grünen Läden vor dem vorgetäuschten Fenster.

Die zweihüftige Urform der **Pergola** ist für den normalen Garten zu ausladend. Es verbleibt deshalb in den meisten Fällen das Grundmuster einer senkrechten Balkenreihe, die oben längs miteinander verbunden ist. Auf der Verbindung sitzen quer dazu Leisten. Die Erinnerung an den ursprünglichen Zweck dieser Dachbalken ist am besten erhalten, wenn aus der Halterung am Fuß zwei Balken aufsteigen, einer senkrecht, der andere schräg davon weg. Sie werden oben mit den Querbalken zusammengehalten und bilden tatsächlich so etwas wie ein schmales Dach.

Eine so zugerankte Gartenlaube paßt in den kleinsten Garten und bietet zusätzlich einen halb überdachten Sitzplatz.

Ein wildromantisches Blockhaus
für die Kinder regt zum Träumen
und zu phantasiereichen
Spielen an.

rung geschnitten sind. Dazu kommt
eine Fülle passender Kleinteile und
Beschläge.

Die Bodenteile stehen auf einem
Betonfundament, das selbst gegossen
wird. Es gibt also auch bei einem
Fertighaus für den Aufbau noch eine
Menge Eigenarbeit: Die Platte soll
absolut waagerecht und 10 cm dick
sein und 2,5 cm über dem Erdniveau
liegen. Der Bodenrahmen muß isoliert und die fehlenden Bretter müssen aufgenagelt werden. Diese Konstruktion ist auf der Bodenplatte zu
befestigen. Die Wände sind untereinander und mit dem Fußboden zu
verbolzen und verschrauben. Eck-
abdeckleisten werden vom Dach zum
Fußboden eingeschoben, das alles
winkel- und lotrecht. Die Dachträger
werden so aufgeschraubt, daß ein
Winkel von 36 Grad entsteht. Dazu
sind mehr als 600 teils verzinkte
Nägel nötig, also keineswegs nur ein
paar. Wer das alles sauber zusam-
menbringen will, muß schon recht
geschickt sein.

Um diese oder ähnliche Einzelteile
selbst nach Vorlage zu fertigen, müßte man über eine maschinell voll aus-
gestattete Werkstatt und große handwerkliche Fähigkeiten verfügen. Das
allgemein vorauszusetzen ist nicht
realistisch, zumal das genannte Beispiel noch eines der einfachsten Bau-
muster und überwiegend aus Holz
hergestellt ist. Bei Metallarbeiten und
Vollverglasung sind die Grenzen des
Eigenbaus noch eher erreicht. Kunst-
schmiedearbeit, ein Kupferdach verlegen oder Reetdach eindecken ist
nicht jedermanns Sache. Da es bei

Passend zum Stil des Gartens wirkt
das Rankgerüst aus naturbelassenem
Rundholz, aus weiß lackierten Balken
mit grünen Kehlen und den jeweils
dazu gehörenden Rankgittern unterhalb der Brüstung, soweit die Seitenwände begrünt werden sollen. Die
Pfeiler können auch gemauert oder
geschmiedet sein, wenn sich das
Rankgerüst auf einer Mauer erhebt.

Eigenkonstruktion oder Fertigbau-weise?

Ganze **Gartenhäuser** selbst zu
errichten, ist seit Laubenpiepers Zei-
ten aus der Mode gekommen. Die
handwerklichen Künste auch eines
erfahrenen Heimwerkers sind schnell
überfordert, wenn er alle Einzelteile
selbst herstellen und zusammenfügen
muß. Noch viel weniger ist das realistisch denkbar bei klassischen Pavillons und anderen Nachbildungen.
Das wird einwandfrei deutlich, wenn
man sich beispielsweise die Teileliste
eines relativ schlichten *Gaywood
Summerhouse* ansieht: die fertig ver-
glasten Türen und Fenster in Vorder-
und Seitenwänden, ein festes Fenster
oder ein Schiebefenster pro Seite.
Die Dachteile sind bereits mit Schindeln aus Rotzedernholz belegt. Mit
Kehlbalken werden die Sparren verschraubt, Grate und First mit Isolier-
streifen und mitgelieferten Einzel-
schindeln abgedeckt, die auf Geh-

freistehenden Pavillons und Gartenhäusern vor allem auf den Anblick ankommt, ist es sehr naheliegend, zu Fertigbauten zu greifen.

Anders sieht es bei **Pergolen** und **Ranklauben** aus. Was so gründlich unter grünen Wänden verborgen ist, muß nicht mit der letzten baulichen Präzision hingestellt werden. Einfache Bauanleitungen genügen, um die Balken und Latten mit handelsüblichen Maßen auf die richtige Länge zu sägen und miteinander zu verbinden. Auch dabei ist sorgfältig zu arbeiten. Es kommt aber nicht auf den Millimeter an, wenn zum Beispiel mit runden Naturhölzern gebaut wird. Allerdings sollte man nicht ohne fachmännischen Plan darauf loszimmern. Rankpflanzen sind großenteils sehr schwer und müssen unter Winddruck und Sturmböen aufrecht stehenbleiben. Das betrifft zuerst die Proportionen: Ein Balkengerüst muß am Boden liegend aussehen wie Telefonmasten, jedenfalls so massiv, daß es der Laie für übertrieben hält. Damit es die Belastung aushält, müssen die tragenden Laschen zentimeterdick und -breit sein. Sie werden am Boden mit fingerdicken Mutterschrauben befestigt, die quer durch die Balken gehen. Damit sie nicht von der Bodennässe angegriffen werden, stellt man sie eine Handbreit über das Betonfundament, in das die Halterungen eingegossen werden. Die Holzverbindungen oben sollen so ausgeführt werden, daß sich zwischen ihnen keine Feuchtigkeit ansammelt. Dazu werden an den Längs- und Querbalken unterseits Nute ausgehoben und die Stützbalken pas-

send als Feder beschnitten. Nur wenn das präzise ineinanderpaßt, kann man auf rostende Nägel und Blechdeckel verzichten (unter denen sich trotz allem Kondenswasser bildet). Es sind also auch für Holzarbeiten, die am Ende sehr einfach aussehen, einige heimwerkerliche Fähigkeiten vonnöten, so daß die Frage, welche Konstruktion ganz im Eigenbau hingestellt werden kann, recht vorsichtig beantwortet werden muß: nur schlichte Holz- und Maurerarbeiten. Ganz und gar ausgeschlossen ist der Eigenbau bei **Pavillons**, die nicht nur als Gartenlaube, sondern als Teehaus, Wohnraum, Büro, Schwimmhalle, Verkaufspavillon, Wintergarten, Eingangshalle oder Vorbau in

Systembauweise aufgestellt werden können. Sie sind auf Wunsch in Holz, Stahl oder Aluminium, voll- oder teilverglast, wärmeisoliert, sogar mit Bodenheizung, Wasser- und Elektroanschluß zu haben. Auf Wunsch gibt es ein- und zweiflügelige Türen, Fenster zum Öffnen mit Glasflächen von 20 bis 100 m^2 im Baukastensystem zu bekommen. Gewählt werden kann eine freitragende Konstruktion oder mit Mittelstütze, auch ohne Seitenwände, sogar zweistöckig. Es liegt auf der Hand, daß sogar die Montage auf ein geschultes Team angewiesen ist. Natürlich sind die Preise für einen derartigen Hausbau entsprechend. Wer es sich zutraut, kann mit Selbstmontage Geld sparen.

Die vorgefertigten Seitenteile eines mehreckigen Pavillons brauchen auf der Bodenplatte nur miteinander verschraubt zu werden.

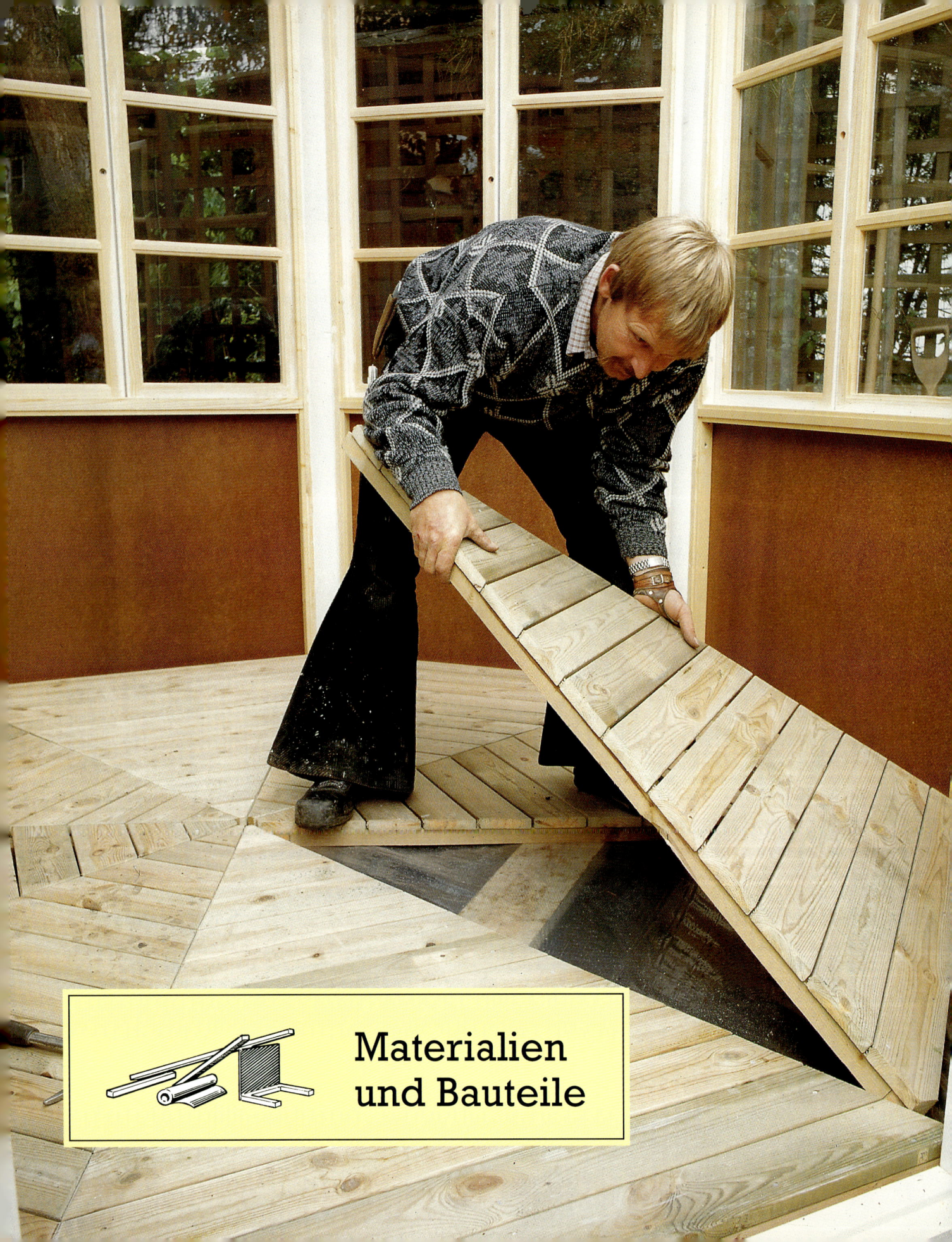

Materialien
und Bauteile

Das Baumaterial Holz

Das natürlichste Baumaterial für den Garten ist Holz. Es hat auch praktische Vorzüge, da es sich leicht bearbeiten läßt und deshalb für den Eigenbau verwendet werden kann. Das gilt vor allem für Pergolen, aber auch für einfache Lauben im Kleingarten und überdachte Sitzplätze mit anschließendem Geräteraum.

Die schönen, kostbaren englischen Sommerhäuser sind meist rundum aus Holz gebaut. Die tragende Konstruktion und die Außenverkleidung sind aus dem Holz der Kanadischen Rotzeder (*Thuja plicata*) in Handarbeit hergestellt. Die Innenverkleidung besteht aus wasserfestem Sperrholz, seit die Tropenhölzer nicht mehr benutzt werden sollen. Früher konnte man noch Mahagoni bekommen. Die Dielen und Lagerhölzer für den Fußboden sind aus heimischer Kiefer (*Pinus sylvestris*) geschnitten. Die Dächer sind mit Schindeln aus Zedernholz gedeckt, wie heute noch Wohnhäuser in den Alpen; denn sie halten extremer Witterung stand. Die natürlichen Öle und Harze verhindern, daß freiliegendes Holz verrottet. Es braucht keine chemische Imprägnierung, die wegen umweltschädlicher Ausgasungen ins Gerede gekommen ist.

Soll lackiert werden, wählt man eine offenporige Lasur. Sie läßt die feine Struktur des Zedernholzes unter Farbtönen wie Mahagoni, Limba oder Walnuß erkennen.

Naturschutzverbände und Vertreter der Forstwirtschaft fordern gemeinsam, daß heimische Hölzer verbaut werden sollen. Sie sind traditionelles Baumaterial für Wohnzwecke. In unseren heimischen Wäldern wächst ständig mehr Holz heran, als eingeschlagen wird. Hier gedeiht qualitativ hochwertiges Bauholz von Fichte, Kiefer, Lärche, Tanne und Douglasie. Das Holz wird von Gartenbesitzern und Gartenhaus-Herstellern gleichermaßen geschätzt, weil es stabil, widerstandsfähig und ausdrucksstark ist und schön aussieht. Kiefern-, Lärchen- und Douglasienhölzer sind etwas schwerer als Fichte und Tanne, besitzen dafür aber auch höhere Festigkeit. Nach den DIN-Normen für Bauholz stehen sie deshalb gleichberechtigt neben Fichte.

Holzschutz

Die drei Kernholzarten Kiefer, Lärche und Douglasie besitzen einen farblich vom helleren Splintholz abgesetzten Kern. Seine Grundtönung ist rötlich braun, am dunkelsten ausgeprägt bei der Douglasie, weniger stark im Lärchenholz und am schwächsten bei der Kiefer.

Im Laufe der Zeit dunkeln alle drei Holzarten nach. Aber sie behalten ihren besonderen Charakter für die dekorative Verwendung als offene Balken, Stützen, Träger, deutlicher noch als Dielen und Bretter für Innen- und Außenverkleidung. Sie werden deshalb nicht lackiert, sondern meist lasiert oder gewachst. Da sie im Kernholz natürliche Abwehrstoffe gegen Schädlinge und Rotte besitzen, brauchen sie nicht chemisch imprägniert zu werden, weder drinnen noch draußen. Bodenkontakt sollte man ohnehin vermeiden.

Auf die Dauer ist nur die Kanadische Zeder witterungsbeständig. Unbehandeltes Gartenholz fault oft schon nach drei bis fünf Jahren. Für **druckimprägnierte Bauhölzer** übernehmen die Hersteller eine zehnjährige Werksgarantie.

Für die Imprägnierung verwenden namhafte Lieferanten nur noch chromfreie Schutzsalze, die schnell fixieren und den Forderungen des Bundesgesundheitsamtes entsprechen. Sie können problemlos entsorgt werden und sind rundum umweltfreundlich. Allerdings kann kesseldruckimprägniertes Holz ebenso wie jedes andere in Wind und Wetter quellen und schwinden, reißen und sich verwerfen. Das sind die natürlichen Eigenschaften dieses nachwachsenden Werkstoffes. Für den Innenausbau, und wo Kleinkinder im Garten sind, sollte man auf Hölzer verzichten, die unter Kesseldruck mit schwer oder nicht auswaschbaren Schutzsalzen imprägniert wurden. Unbehandelte Hölzer können mit **Holzschutzmitteln**, die vom Institut für Bautechnik in Berlin geprüft worden sind, haltbar gemacht werden. Sie sollen vorbeugend gegen Pilz-, Schwamm- und Schädlingsbefall wirken. Abzuraten ist von Kunstharzlacken mit ihrem hohen Anteil an Lösungsmitteln, sowie allen Teerölprodukten (Karbolineum). Nur,

Unbehandeltes Bauholz, das dauernd der Bodennässe ausgesetzt ist, muß vor dem Zusammenbau mit einem Imprägnierungsmittel behandelt werden.

17

wenn sich dauerhafter Erdkontakt nicht vermeiden läßt, können Mineralölprodukte eingesetzt werden, falls das Holz nicht kesseldruckimprägniert ist.

Am besten sind Imprägnier- oder Dünnschichtlasuren geeignet, die mit Wasser verdünnbar oder lösungsmittelarm sind. Man muß die Holzteile zwar alle zwei oder drei Jahre neu streichen, aber es sind ja insgesamt nur kleine Flächen. Da die Lacke so dünnflüssig sind, dringen sie tiefer in das Holz ein und lassen nur einen dünnen, flexiblen Film auf der Oberfläche zurück. Er reißt nicht ein, wenn das Holz »arbeitet«, und läßt Feuchtigkeit aus dem Holz heraus verdunsten.

Vor dem Einbau der Hölzer werden sie zweimal damit eingestrichen. Auch wenn später renoviert werden muß, wird zweimal, an stark beanspruchten Stellen dreimal gestrichen. Die Oberfläche wird vorher bis ins helle Holz abgeschliffen, etwaige Fugen sind mit Holzkitt zu verschließen.

Farblose Lasuren schützen nicht vor ultraviolettem Sonnenlicht, hellen aber dunkle Hölzer etwas auf. So wird vermieden, daß sie sich zu stark aufheizen. Heiß gewordenes Holz läßt Harze und andere flüchtige Inhaltsstoffe des Holzes austreten und wird geschädigt. Die ultravioletten Strahlen der Sonne bauen Ligninstoffe im Holz ab, ebenso wie Frost, Nässe und mechanische Belastung, und strapazieren ungeschütztes Holz.

Trotz Lasur und anderen chemischen Mitteln muß für **baulichen Holzschutz** gesorgt werden. Da Feuchtigkeit hauptsächlich in Faserrichtung eindringt, sollen alle Hirnholzflächen gut verborgen sein. Es muß zumindest vermieden werden, daß sich Wasser auf waagerechten Schnittflächen länger hält. Also werden Oberkanten von Pfosten und Balken zumindest abgeschrägt. Die unteren Enden sollen nicht mit der Erde in Berührung

kommen. Deshalb schraubt man sie an ein- oder doppelseitige Laschen, die in Betonfundament eingelassen sind.

Das Fundament

Für einzelne Pfosten werden Punktfundamente 70 bis 80 cm tief ausgehoben, um die frostfreie Zone im Boden zu erreichen. Gräbt man die Fundamente weniger tief ein, kann sich der gefrorene Boden darunter so ausdehnen, daß der Beton darüber hochgedrückt wird. Je schwerer die Balken sind, um so breiter wird die Grube ausgehoben. Im normalen Boden genügt auf jeder Seite eine Zugabe von etwa Balkenbreite. Dasselbe gilt für Grabenfundamente, die unter den Seitenwänden von schweren Bohlenhäusern gegossen werden. Fundamentplatten sind nur unter außergewöhnlichen Umständen, also selten, nötig.

Beton herstellen

Die Ausschachtung wird halb mit Steinen gefüllt. Darauf gießt man Beton in einer Mischung von einem Teil Zement zu sechs Teilen Kies. Die Mischungsbestandteile werden mit Eimern abgemessen und auf einen Haufen geschüttet. Der wird auf einem festen Untergrund solange von einer Seite auf die andere geschaufelt, bis die Farbe einheitlich grau ist. Dann drückt man von der Mitte her ein Loch in den Haufen und gießt gerade so viel Wasser hinein, daß nichts überläuft. Von den Rändern des Haufens holt man ein wenig Trokkenmischung nach oben ins Wasser und schiebt mit der Schaufel darin hin und her, bis das Wasser aufgesogen ist. Es wird so viel Wasser nachgeschüttet, daß die ganze Masse gleichmäßig durchfeuchtet ist. Mit der Wassermenge bestimmt man, wie steif und dick, plastisch oder

Grabenfundamente sind nur für schwere Seitenwände von größeren Gartenhäusern unvermeidlich.

Vorsicht mit Beton

Es ist nicht ratsam, den frischen Beton mit den bloßen Händen anzufassen. Sollte es versehentlich geschehen sein, wäscht man die Stellen unter fließendem Wasser gründlich ab. Auch Schaufel und Spaten müssen anschließend sofort gründlich gereinigt werden. Sonst hilft nur noch ein chemisches Mittel, den hartgewordenen Beton wieder zu entfernen. Das ist im Baumarkt zu bekommen.

weich der Beton werden soll. Den ganzen Haufen gräbt man so lange um, bis alles ganz gleichmäßig gefärbt und teigartig formbar geworden ist.

Anker und Standfüße

Die Betonanker und Standfüße werden so tief in das Fundament gedrückt, daß die Pfosten eine Handbreit über Niveau stehen. Mit Hilfe der Schrauben richtet man die herausragenden Flacheisenteile genau aus und fixiert sie, bis der Beton nach zwei, spätestens drei Tagen durch und durch abgebunden hat. Erst dann werden die Balken endgültig zwischen die doppelten oder an die einfachen Verankerungen geschraubt. Dazu verwendet man Mutterschrauben, die ebenfalls verzinkt oder schwarz beschichtet sind. Die handelsüblichen Maße sind 10 × 120 mm für Pfosten von 9 × 9 cm. Für dickere Balken von 12 × 12 cm und 14 × 14 cm gibt es Schrauben von 12 × 150 mm und 16 × 170 mm. Die passenden Löcher müssen Sie vorher durch das Holz bohren. Die hindurchgesteckten Schrauben werden mit einer Mutter festgezogen.

Kiesbett

Für Lauben, Gartenhäuser und Pavillons mit fester Bodenplatte genügt durchweg ein Kiesbett oder lose verlegte Platten auf einer Auskofferung, die je nach ihrer späteren Belastung mehr oder weniger tief mit Steinlagen unterschiedlicher Stärke gefüllt wird, wie das ab Seite 34 genauer beschrieben wird. Für überdachte Sitz-

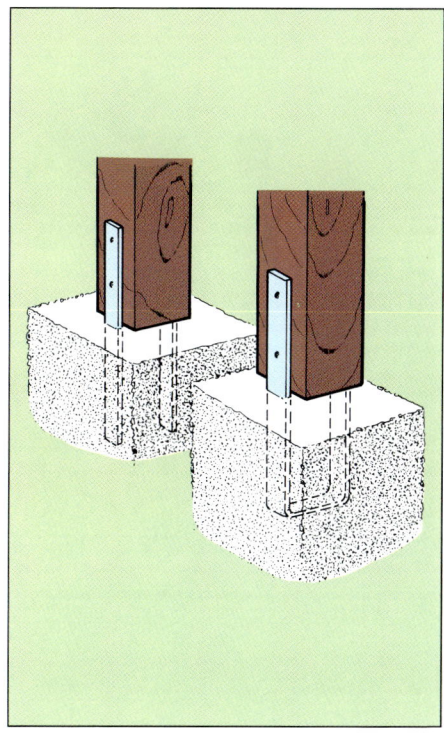

Bei allen Verankerungen im Beton kommt es darauf an, daß die Balken 3 bis 5 cm Abstand vom Boden einhalten.

plätze ohne Bodenplatte ist das zugleich der Fußboden. Wo sich Holzteile dem Boden nähern, legt man Dachpappe oder anderes Isoliermaterial unter.

Das Dach

Aus Holzschutzgründen werden die Rotholzschindeln auf den Dachlatten ohne Unterlage frei verlegt; sie sollen »atmen« können. Sonst wird das Holzdach aus 16 mm dicken Brettern (kieferhell) häufig mit Dachpappe wasserdicht gemacht.

Kies kann gleichermaßen als Auflage wie als Isolierung zwischen bodentragenden Balken dienen.

Dachpappe wird in Bahnen von unten nach oben verlegt, damit der Überstand wasserdicht wird.

Dachsparren werden am Mittelstoß genagelt und zusätzlich durch Winkelstreben gesichert.

Als Dachdeckung stehen mehrere Angebote zur Wahl: bituminöse Schindeln, 500er Bitumenbahn intensiv grün, rot oder anthrazitfarben beschiefert, Schieferplatten, Schindeln kupferbelegt, beschichtetes Stahlblech in Form von Dachziegeln, Plastikformteile und normale Dachziegel aus gebranntem Ton, Schilfdach stufig, Reetdach auf norddeutsche Art.

Glasdächer

Glas oder transparenter Kunststoff werden als Dacheindeckung vor allem dann bevorzugt, wenn die Seitenwände ebenfalls im Gewächshaus- oder Wintergartenstil durchsichtig sind.
Es gibt zum Beispiel voll verglaste Kuppelbauten im klassisch skandinavischen Stil, die ästhetisch ein Genuß und als Gewächshaus unübertrefflich

sind. Auf einer Grundfläche von 8 oder 13 m^2 stehen mit zwölf oder 16 Ecken 4 mm starke Glaswände in salzwasserbeständigem Aluminium und eine Tür aus 8 mm dickem Acrylglas. Die Kuppel besteht ebenfalls aus spezialgeformtem Acryl (Plexiglas) oder 4 mm Glas. Trotz Schneedruck und Dauerbelastung hat es in 18 Jahren nicht eine Schadensmeldung wegen Materialermüdung gegeben. Wenn es zu warm wird, stellt man sich einen Sonnenschirm ins Glashaus; denn das ultraviolette Sonnenlicht dringt durch Acrylglas.

Reetdächer

Das krasse Gegenteil zum Glasdach bieten die reetgedeckten Dächer, die norddeutsch aussehen, obwohl die trockenen, vollholzigen Schilfhalme aus Afrika importiert werden. Sie

widerstehen dem natürlichen Verschleiß besser als inländische Riedgräser.
Reet wird in aller Welt zu den vielfältigsten Abdeckungen verwendet; als Sonnenschirm an tropischen Stränden ebenso wie als Poolbar, wie ein riesiger Bienenkorb mit dem Dach bis zur Erde im Zoo, auf Grill-, Rast-, Zelt-, Spiel- und Sportplätzen. Im Garten werden damit Schirme auf einem zentralen Pfosten oder vier, sechs oder mehr Stützbalken belegt.
Die Schilfhalme werden neuerdings an einer Längskante mit dauerelastischem Material verschweißt, so daß Platten von 800 x 400 mm Größe entstehen. Sie lassen sich leicht selbst mit eingearbeiteten Klammern verlegen. Damit entstehen stufenweise abgesetzte Dächer. Es gibt aber auch die Möglichkeit, Gartenhäuser auf norddeutsche Art mit langem Reet zu decken.
Reetdächer in beiden Formen lassen Regen abperlen, bieten starkem Wind keine Angriffsflächen und kühlen die schattierte Fläche spürbar ab. Das Luftpolster zwischen den Halmen kühlt den Schatten bis über 5 Grad tiefer ab als unter anderen Abdeckungen.

Pavillondächer

Die typisch englischen Pavillonformen nehmen Details der europäischen Gartenarchitektur des 17. und 18. Jahrhunderts wieder auf. Das Material für Rankwände und -lauben, Rosenbögen, Pergolen, Laubengänge, Pavillons und überdachte Sitzbänke im Stil des romantischen Country-Gardens sind höchst einfach gebaut aus mattschwarz gestrichenem Stahlrohr im Durchmesser von 19 oder 25 mm. Wirework-Pavillons sind aus Eisengeflecht kunstvoll geflochten, galvanisiert, von Hand patiniert oder matt lackiert. Metallteile aus Eisen, Stahl oder Aluminium stützen auch moderne Konstruktionen, die offen oder verglast sind, nüchtern und streng, verspielt oder im postmodernen Look.

In den stilvollen Dachgestaltungen klassischer Pavillons kehren häufig pagodenförmige Abstufungen wieder. Sie stammen von indischen Tempelbauten, den Stupas, die sich viele Stockwerke hoch mit vorragenden Gesimsen und vorspringenden Dächern erheben. In China, Japan und Korea sind diese übereinander getürmten Reliquienschreine im Kleinformat ein bedeutsames Element der Gartengestaltung. Das haben englische Gartenhausgestalter mit stufenförmig abgesetzten Mehrfachdächern auf turmförmigen Gartenhäusern übernommen. Weniger verspielt als klassisch streng, wirken die elegant glockenförmigen oder chinesisch geschwungenen Dächer offener Pavillons. Sie sind mit bleifarbenem Fiberglas gerippt oder geschuppt gedeckt wie mit Metall.

Reetdächer in norddeutscher Tradition lassen den Regen abperlen. Die Schilfhalme werden zum Teil als Platten geliefert (*Riwo*).

Bau einer Pergola

Material und Bauweise einer freistehenden Pergola müssen zum Stil des Hauses und zum Garten passen. Als Material eignen sich Rund- und Kanthölzer, roh und lackiert, Bretter und Latten. Man ist aber keineswegs auf Holz allein angewiesen. Die Pfosten können auch aus Natur- oder Kunststein errichtet werden, verputzt oder roh belassen. Unter besonderen Umständen setzt man Pfosten und Joche aus Stahlrohr oder Vierkantstählen ein. Es gibt sogar vorgefertigte Pergolateile aus Hart-PVC.

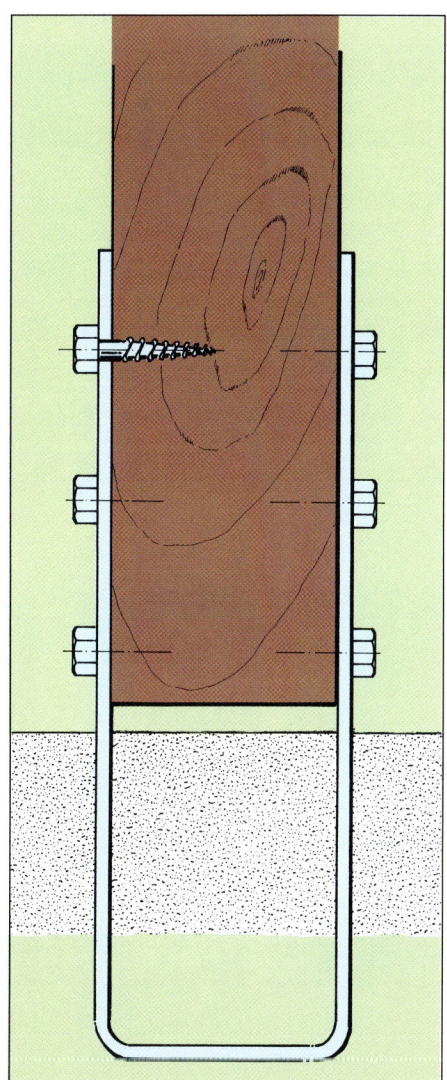

Querschnitt durch den wichtigsten Punkt einer Pergola, an dem sie mit schweren Eisenankern oberhalb des Erdreichs festgehalten wird.

Die Grundbauweise

Ein Fundament aus Beton hält die Trägereisen für die Balken. Die Flacheisenverbindung mit dem Fundament läßt man durchbohren, am unteren Ende aufspalten und so auseinanderbiegen, daß nach beiden Seiten ein waagerechter Fuß entsteht. Das Flacheisen kann in der Mitte zweimal im rechten Winkel hochgebogen werden, damit beide Enden oben als doppelter Halt dienen. Doppeleisen können auch umständlicher unten mit einem Quersteg verschweißt werden, der rechts und links als eine Art Fuß herausragt. Das gibt zusätzlichen Halt.

Die Eisenteile für Außenbeschläge sollten alle rostfrei angelegt werden, am besten verzinkt. Das kostet nicht viel und ist auf Dauer der beste Rostschutz. Der Anstrich müßte regelmäßig erneuert werden, und das ist unmöglich an Stellen, die so verbaut sind, daß man sie mit dem Pinsel nicht mehr erreichen kann.

Für die verzinkten Eisenträger werden an den genau ausgemessenen Punkten die Fundamentgruben ausgehoben (siehe dazu auch S. 18).

Bauelemente

Die Holzmaße dürfen nicht zu dünn wirken. **Pfosten**, die beispielsweise 250 cm hoch sind und in 250 cm Abstand voneinander stehen, sollen zwischen 9 x 9 cm und 14 x 14 cm dick sein. Die **Sattelbalken** sind entweder genauso dick oder 2 cm breiter, jedoch gleich hoch. Es können statt dessen auch zwei Bretter von 2 bis 3 cm Stärke seitlich an die Pfosten

Die Stützbalken einer Pergola im Naturgarten sollen wie gewachsene Baumstämme aussehen.

genagelt werden. Auf ihnen sitzen Reiter, die zwei Nuten haben. Die Sattelbalken werden an den Enden geblattet, wenn mehrere aneinandergesetzt werden sollen. Dazu sägt man sie von der Stirnseite her genau in der Mitte soweit ein, wie die Balken dick sind. Dann trennt man von einem die obere, vom anderen die untere Hälfte ab, soweit der Einschnitt längs reicht. Ist alles richtig getroffen, liegen die beiden Balkenenden nun paßgenau übereinander.

Zur höheren Festigkeit kann man die Sattelbalken auf den Pfosten mit **Winkelstreben** zusätzlich versteifen. Sie sind 2 cm schmäler als das Balkenwerk, aber ebenso breit und an beiden Enden im Winkel von 45 Grad abgeschrägt. So bilden sie ein gut proportioniertes Dreieck auf beiden Seiten der Verbindungsstellen.

Für zierlichere Pergolen im antiken Stil sägt man aus einer 4 cm dicken Holzplatte von 30 x 30 cm Seitenlänge

Auch einhüftige Pergolen können mit doppelten Sattelbalken (links) ausgestattet werden. Für die Winkelstreben gibt es ebenfalls unterschiedliche Konstruktionsmuster.

Sattelbalken einer Rundholzpergola werden mit Schrägschnitten so überblattet, daß sich dazwischen wenig Feuchtigkeit dauerhaft hält.

in 4 cm Abstand vom Rand einen Viertelkreis heraus, so daß geschwungene Eckstreben die senkrechten und waagerechten Balken (9 x 9 cm) verbinden.

Bogenschnitte werden auch häufig an den Enden der **Reiter** angesetzt, wenn man sie nicht nur nach unten abschrägen will. Die einfachste Lösung ist ein Viertelkreis, der die untere Hälfte des Holzes herausnimmt. Der Ausschnitt kann aber auch in Form eines schräg flachliegenden S, einer Art Schlangenlinie, geformt sein.

Runde Eingangsbögen

Für den Torbogen, die Ranklaube und den größeren, freien, von Pergolen umgebenen Sitzplatz gibt es gebogene Sattelbalken aus doppelt oder mehrfach geleimten Brettern, die man nur mit unverhältnismäßig

Über dem Eingang wirken gewölbte Sattelbalken freundlicher als waagerechte.

hohem Aufwand selbst herstellen könnte. Man läßt sie deshalb zweckmäßiger nach Maß von einem Handwerker anfertigen. Es gibt auch Fertigteile, die flach nach oben gebogen sind. Sie bestehen aus Leimholzbrettern, die 2,7 cm dick, 11,5 cm hoch und 114 oder 200 cm lang sind. Für breitere Öffnungen in der Rankwand über einer Toreinfahrt gibt es 7 cm dicke Leimholzbögen, die 500 cm überwölben. Sie sind druckimprägniert in lindgrüner Färbung oder vac-imprägniert, grundiert und durchscheinend lasiert in Blau, Braun, Gelb, Grün und Weiß oder deckend grau, flieder- oder lachsfarben lasiert. Die nach oben gebogenen Sattelbretter werden mit verzinkten Schlüsselschrauben 6 x 80 mm seitlich an die Pfosten geschraubt.

Auf den kürzeren Leimholzbogen setzt man in der Mitte einen Reiter, auf den längeren in gleichmäßigen Abständen verteilt vier. So entsteht optisch das Bild eines Tor- oder Türbogens, der die Rankwand öffnet. Über der Garageneinfahrt kann ein Doppelbogen aus zwei breiten Leim-

Rosenbogen

Die kleinste Pergola ist der beliebte Rosenbogen, nicht nur über dem Gartentor, sondern auch über dem Sitzplatz im Freien. Es werden dafür häufig runde Metallrohre angeboten, die in einem Stück gebogen sind.

Die beste Kletterhilfe für Spreizklimmer wie Rosen sind jedoch zwei Holme, die wie eine Leiter mit Querlatten verbunden sind. Die Triebe steckt man abwechselnd von der einen und der anderen Seite hindurch. Später halten sie sich von selbst mit ihren Stacheln daran fest. Einholmige Rosenbögen mit beiderseits drei hinausstehenden Querleisten sind dafür weniger geeignet; denn Spreizklimmer leiten ihre langen Triebe immer nach außen. Sie müßten also immer wieder angebunden werden.

Die Gerüstmaße bei einem Rosenbogen aus Holz sollten nicht zu schwach festgelegt werden. Das sieht nicht nur spillerig aus, sondern hält auch nicht die schweren Sträucher in Wind und Wetter aufrecht. Die senkrechten Pfosten sollten etwa 8 × 8 cm, die Leitersprossen 3 × 4 cm, die Sattelbalken zwischen beiden Bodenseiten 6 × 10 cm breit sein. Die beiden aufrecht stehenden Pfosten, die jeweils eine Seite des Rosenbogens bilden, werden im Abstand von 25 cm an einbetonierte Laschen (siehe S. 19) geschraubt. Die Latten zwischen ihnen müssen dann etwa 50 cm lang sein, damit sie auf jeder Seite etwa 5 cm überstehen. Wenn das Ganze etwas über 200 cm hoch wird, stimmen die Proportionen. Weniger stabil, aber für den Zweck haltbar genug, ist eine einfache Bauweise aus drei 10 cm breiten, 3 cm dicken Brettern. Zwei von ihnen werden als Ständer senkrecht über dem Boden an Halteelementen verschraubt. In ihre obere Stirnseite ist eine 5 cm tiefe, 3 cm breite Nut eingesägt worden. Darin wird das waagerechte verbindende Brett hochkant eingelassen. Damit in die Stirnseiten nicht zuviel Wasser einzieht, werden Streifen von Teerpappe oder anderem wasserdichten Material aufgenagelt. Die Rosentriebe müssen an diesem Boden hochgebunden werden.

holzbögen auf vier Pfosten und elf 120 cm langen Reitern allein für sich aufgestellt werden. Rankgitter gibt es dann nur rechts und links der Einfahrt zwischen den beiden 60 cm auseinanderstehenden Balken.

Ist das Gartentor unter diesem breiten Rosenbogen integriert, stellt man statt des zaunhohen Pfostens einen Balken hin, der bis an den hinteren Bogen hinaufreicht. Die Rankgitter rechts und links sind passend dazu aus 18 × 34 cm starken Latten quadratisch 180 × 60 cm groß zusammengenagelt und mit Beschlägen 8 L an die Pfosten geschraubt.

Soll die Pergola um die Ecke gehen, kann man Rundbogen-Sattelbretter paarweise bekommen. Sie haben 1 m Mittelradius und sind so lang, daß die Reiter an ihren Enden genau im rechten Winkel zueinander stehen. Der mittlere Reiter steht im Winkel von 45 Grad dazu. Solche bogenförmigen Ecken passen zum Beispiel zwischen Dichtzaunelemente, die mit einer Pergola überbaut sind (siehe S.24).

Den Raum unter den Rundbogenelementen kann man mit senkrecht

stehenden Lamellenbrettern ausfüllen.

Einen ganz ähnlichen Effekt wie die Rundbogenelemente haben Gitterbögen, die unter waagerechten Sattelbalken angebracht sind. Sie werden unten von einem Bogen begrenzt, der aus mehrfach wasserfest verleimten Leisten hergestellt ist (also kaum selber zu fabrizieren). Das diagonale

Rankgitter zwischen dem unteren und oberen Rahmen setzt sich wieder aus denselben Leisten zusammen (siehe S.33).

Die Pergola aufstellen

Pergolen aus Kanthölzern, Balken und Brettern sind leicht aus den handelsüblichen Holzmaßen zurechtzusägen. Es gibt die Einzelteile und Beschläge aber auch in zahlreichen Mustern und Abmessungen komplett und mit Erweiterungsprogrammen für Zwischenstücke und längere Wege. Auffällig ist bei zahlreichen Fertigteilen, daß sie verschraubt und genagelt werden. Vielfach sollen rechtwinklig gebogene Eisenlaschen aufgeschraubt werden. Fachgerechte Holzverbindungen mit Nut und Zapfen sind die Ausnahme. Es ist ohne Zweifel eine Kostenfrage. Aber wie wir gesehen haben, ist das Holz im

Spreizklimmer brauchen leiterförmige Kletterhilfen. Sie sind so schlicht gebaut, daß man sie gut imprägniert auch ohne Betonanker im Boden vergraben kann. Eine Dränage am Ende der Standpfosten sorgt dafür, daß stehende Nässe schneller versickert.

Verschieden starke Winkellaschen halten die Balken aneinander fest.

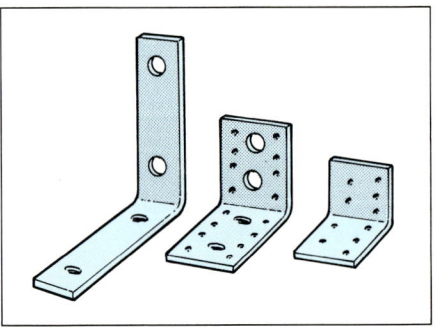

Lange Reiter und klobige Winkelstreben halten die freistehende Pergola zusammen; sie muß erhebliche Gewichte im Winddruck aushalten.

Die ursprünglich zweihüftige Pergola kann auf einer Seite an der Hauswand verschraubt werden.

Freien länger haltbar, wenn die Hirnholzflächen schneller abtrocknen und sich keine Feuchtigkeit in den Verbindungsstellen ansammeln und halten kann. Deshalb werden im Eigenbau alle Holzverbindungen zwischen Pfosten, Sattelbalken und Reitern witterungsfest angelegt.

Wo rechtwinklige Laschen angeschraubt werden müssen, um ausreichenden Halt zu geben, versucht man, die Lasche unterhalb der Hölzer anzubringen. Das geht bei Reitern ebenso wie am Sattelbalken. Man wählt eine Stelle, die von der Hauptblickrichtung abgewandt ist, also innen bei doppelten Sätteln und auf der Außenseite, wo die Pergola an

der Grundstücksgrenze entlang geht. Solche Versteifungen sind jedoch nur wirklich notwendig, wenn lange Sattelbalken quer zur Hauptwindrichtung auf den Pfosten festgemacht werden müssen. Hier kann es sein, daß die Zapfenverbindung allein nicht stabil genug ist. Meist aber reicht das Gewicht der aufliegenden Hölzer, um sie auf den Zapfen zu halten. Diese werden auf dem Pfosten mit der Feinsäge auf volle Breite und etwa halbe Dicke ausgeschnitten. Wenn der Pfosten 9 × 9 cm stark ist, sollten schon 4 cm stehenbleiben. Je 2,5 cm rechts und links reichen, um die Nut im Sattelbalken stabil genug zu halten. Sie wird mit dem Stemmeisen paßgenau ausgenommen. Auch hier braucht man leichte Hammerschläge, um sie fest auf die Feder zu pressen.

Die Reiter sollen etwa in 35 cm Abstand voneinander auf die Sattel-

balken gesetzt werden. Dazu braucht man nicht mehr als eine scharfe Feinsäge und ein Stemmeisen. Ein starker Schraubenzieher tut es zwischen den Längsfasern auch. So breit wie die Längsbalken oder die doppelten Mittelbretter sägt man Ausschnitte von unten her so tief in den Aufsitzer, daß der Reiter später festsitzt. Mit dem Stechbeitel wird danach das zwischen den beiden Schnitten liegende Holz herausgestemmt. Die anfangs rauhe Innenfläche der Nut wird erst mit einer Raspel grob geglättet und anschließend fein ausgefeilt. Dafür sollten die Innenmaße knapp bemessen sein, damit der Reiter zum Schluß so stramm auf seinem Sattel sitzt, daß man ihn mit sanften Schlägen hineintreiben muß. Wenn die Maße exakt stimmen, kann man auf Nägel verzichten. Selbst wenn die verzinkt sind, dringt doch an ihnen mit der

Zeit Wasser in das Holz ein und vermindert die Haltbarkeit. Für Spitzenbelastungen reicht das nicht immer, vor allem, weil frische Hölzer quellen und schwinden. Deshalb wird meist noch zusätzlich von oben genagelt oder geschraubt, wenn die Breite des Reiters dafür ausreicht. Damit zwischen Holz und Metall kein Wasser einsickern kann, nimmt man in diesem Fall einen größeren Bohrer und versenkt den Nagel- oder Schraubenkopf so tief in das Holz, daß die Vertiefung mit Flüssigholz ausgefüllt werden kann. Lange und Doppelreiter können besser von unten mit Winkeln verschraubt werden, die 7 cm lang und 1,5 cm dick sind. Sie werden mit je zwei Schrauben befestigt.

Seitliche Querbalken an Rundhölzern werden in genau ausgemessene und ausgehobene Vertiefungen genagelt. Imprägnierschutz ist zu empfehlen.

Pergola aus Rundhölzern

Pergolen im Naturgarten werden gern aus Rundholz mit oder ohne Rinde gebaut. Sie sehen ähnlich wie berankte Bäume aus und passen in alle ländlichen Gärten. Knüppelholz läßt sich weniger leicht lückenlos aufeinanderpassen. Was man auf keinen Fall machen sollte, sind runde Aussparungen, die nach oben gerichtet sind. Erstaunlicherweise wird genau das immer wieder vorgeführt. An solchen Stellen reicht es keinesfalls, die offene Stelle mit einem Holzimprägnierungsmittel zu bearbeiten, um Holzfäule zu vermeiden. Auch eine Abdeckung aus Blech oder anderem wasserdichten Material ist keine Lösung; denn darunter kann Kondenswasser nicht verdunsten. Richtig sind allein Aussparungen in den oben liegenden Rundhölzern, die genau auf die Rundungen der unteren passen. Sie müssen vor dem Zusammenbau selbstverständlich auch mit einem zugelassenen, für die Umwelt unschädlichen Imprägnierungsmittel bestrichen werden. Das gilt ganz besonders für waagerechte Knüppel an senkrechten Stämmen; denn da läuft von oben immer Wasser hinein. Die halbrunden Aussparungen an den Kreuzungspunkten müssen genau markiert werden, damit die Rundung des einzufügenden Holzes passend herausgearbeitet werden kann. Das erlaubt auch, zuerst mit der Säge von beiden Seiten einen schrägen Schnitt anzusetzen, so daß eine dreieckige Kerbe herausfällt. Danach ist es nicht mehr so schwierig, mit einem Stemmeisen, Schnitzmesser, Raspel und Feile genau so viel Holz abzuspanen,

Wenn Balken und Zwischenräume großzügig bemessen sind, erinnert eine zweihüftige Pergola an antike Vorbilder.

Fachgerechte Holzverbindungen mit Nut und Zapfen werden im Freien stets so angelegt, daß sie vor herablaufendem Wasser geschützt sind.

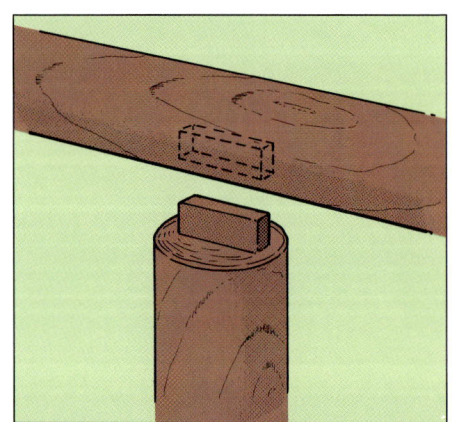

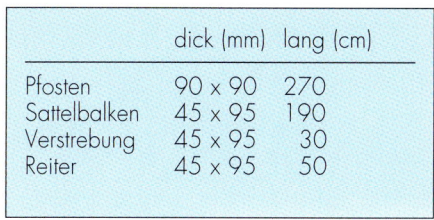

	dick (mm)	lang (cm)
Pfosten	90 x 90	270
Sattelbalken	45 x 95	190
Verstrebung	45 x 95	30
Reiter	45 x 95	50

der Pergola wird dazu in gleichmäßige Intervalle unterteilt und die Längsbalken werden so abgemessen, daß sie auf den Pfosten zusammentreffen und überblattet (siehe S. 24) werden können. Das gibt der gesamten Konstruktion mehr Halt, als wenn in den Zwischenräumen ohne Unterstützung eine Verlängerung angesetzt wird.

Soll die Pergola mit **zwei Pfostenreihen** gebaut werden, müssen die Reiter entsprechend verlängert werden. Liegt das Maß zwischen den Nuten auf den Pfosten zwischen 30 und 35 cm, so schneidet man die Reiter 80 bis 90 cm lang zu. Laufen die Pfostenreihen 170 bis 180 cm voneinander entfernt nebeneinander her, so müssen die Reiter wenigstens 220 cm lang sein.

Diese Abmessungen können frei gewählt, den Verhältnissen im eigenen Garten angepaßt werden. Sie sollen nur Anhaltspunkte dafür geben, wie einzelne Bauteile untereinander in einem harmonischen Verhältnis stehen. Darum hier eine etwas feingliedrige zweireihige Variante mit folgenden Bauteilen:

	dick (mm)	lang (cm)
Pfosten	70 x 70	201 bis 270
Sattelbalken	45 x 70	120 bis 200
Strebe	45 x 70	22
Reiter	45 x 70	45 bis 70

daß der Knüppel präzise hineinpaßt. Reiter werden auf diese Weise von der Unterseite her ausgenommen und anschließend mit zwei Nägeln rechts und links schräg von oben auf dem Sattelbalken befestigt. Ebenso verfährt man bei waagerechten Rundhölzern, die das Rankgitter an den Pfosten festhalten sollen, Handläufen und Geländern. Soweit sie seitlich an senkrechten Pfosten montiert werden müssen, sollte man es wenigstens innen, von der Wetterseite abgewandt, tun.

Um die Stabilität der tragenden Pfosten nicht zu sehr zu schwächen, werden sie flacher ausgemuldet. Die Zapfen auf Rundhölzern werden nicht wie beim Kantholz eckig in den Balken eingeschnitten, sondern sanft abgeschrägt. Das hält die Feuchtigkeit noch besser aus der Holzverbindung. Alle Rundholzenden

werden so abgeschrägt, daß die Hirnholzflächen nach unten zeigen. Zur Verlängerung werden die Endstücke ebenso überblattet wie Kantholz: in der Mitte eingesägt und die gegenüberliegenden Hälften weggenommen.

Konstruktionsbeispiele

Eine einhüftige oder **einreihige Pergola** aus kesseldruckimprägnierten oder lackierten Bauteilen ist gut proportioniert, wenn sie zum Beispiel folgende Maße hat:
Von diesen Grundmaßen sind Abweichungen möglich, in der Hauptsache bei den Sattelbalken, die immer so lang gesagt werden, wie die Pfosten auseinanderstehen. Die Gesamtlänge

Vier Pfosten werden im Quadrat mit 40 cm Abstand aufgestellt und mit Rankgittern so verbunden, daß eine Art luftige Säule entsteht. Solche Ranksäulen können eng nebenein-

Zwischen die luftig gestalteten Säulen einer Pergola kann eine Gartenbank oder eine verschließbare Truhe eingebaut werden.

ausgefüllt werden. Die einfach quadratisch oder diagonal aus Latten zusammengenagelten Rankgitter brauchen in den Pfosten keinen eigenen Rahmen, sondern können direkt auf diese genagelt werden.

An ihrer Stelle kann man auch unten aus denselben Latten einen Zwergzaun anbringen aus fünf senkrechten und zwei waagerechten Latten. Am oberen Ende hängt ein ebensolches Gitter in halber Länge herunter. Zwischen Doppelpfostenreihen kann man auf verzinkte Einbaubeschläge eine Sitzbank, Truhe oder Roste anbringen. Das ist vor allem dort sinnvoll, wo am Ende der Pergola mit denselben Bauteilen ein berankter Sitzplatz angebaut ist. Der **Banksitz** und die **Einlegeroste** sind jeweils genau so breit wie die Pfosten auseinanderstehen. Dieselben Maße vom Boden aus hat die **Einbautruhe**. Für die Sitzbank baut man am einfachsten eine Sprossenlehne aus

ander gestellt werden, wenn zwischen ihnen ein Blumenkasten oder eine Sitzbank, Gartentür oder -weg eingerahmt werden soll. Wo die Pergola endet oder abbiegt, kann ein solches Säulenpaar in etwa 50 cm Abstand aufgestellt werden. So auch, wenn aus denselben Rankelementen ein Sitzplatz auf quadratisch angelegter Grundfläche gebaut werden soll. Die engen Pfostenabstände sind selbstverständlich auch bei der einreihigen Pergola möglich. Sie werden in beiden Fällen mit schmalen Rankgittern ausgefüllt.

Zu deren Füßen steht häufig ein Blumenkasten (siehe Zeichnung), der im zweireihigen Verlauf zwischen die Pfostenreihen eingepaßt wird. Die Pflanzkästen sind 50 cm breit und 30 cm hoch, in der Länge dem jeweiligen Pfostenabstand eingepaßt.

Zusammengesetzt werden sie variabel aus Balkenlagen, die an den Ecken überblattet sind.
Aus eng gestellten Pfosten entstehen im freiem Stand lichte Säulen, die mit Rankgittern schlicht oder verspielt

Ein gelungenes Beispiel, wie die schlichte Pergola zu einer Freiluftbar ausgestaltet werden kann.

Einfache Rankgitter mit quadratisch übereinander genagelten Latten bieten Sicht- und Windschutz.

Zaunlatten, die mit schmalen Zwischenräumen an zwei Querstreben genagelt wird.
Schwieriger ist die Kreuzlehne zu bauen, die aus einem quadratischen Lattenrahmen mit einem diagonalen Kreuz in der Mitte zusammengesetzt ist. Um die Schnittenden nicht allzu sehr zu komplizieren, läßt man die diagonalen Leisten nicht im Winkel, sondern auf der unteren und oberen Querleiste enden. Das gibt einen geraden Schnitt, für den man sich eine Vorlage ausschneidet. Am Kreuzungspunkt werden die Diagonallatten überblattet.
Pergolabauteile aus **Zedernholz** sind so wetterfest, daß auf die fachgerechte Holzverbindung zwischen Pfosten und Sattelreiter verzichtet werden kann. Hier genügt tatsächlich (was man bei vielen im Handel angebotenen Einzelbauteilen leider auch bei anderen Holzarten sieht) eine Ausklinkung im Hirnholz von 45 mm, in die der Sattelbalken eingesetzt wird.
Wer sich die Bauteile selbst zurechtsägen will, bekommt im Holzhandel Balken-, Latten- und Rahmenhölzer in verschiedenen Querschnitten und Längen.
Alle Hölzer zum Aufbau nach eigenen Ideen sind geriffelt oder einseitig geriffelt, die Kanten glatt gehobelt. Die Pfosten sind vierseitig geriffelt. Dazu gibt es einen Katalog von abgerundeten Ecken und Kanten, glatt gehobelt oder geriffelt für Pfosten und Sattelbalken in den Stärken von 38 × 90 mm und 38 × 140 mm, in verschiedenen Längen von 60 bis 300 cm.
Dazu passen schichtverleimte Rundbögen in 38 × 90 mm Stärke und 105 cm Spannweite, Stich (Erhebung über der Waagerechten) 58 cm.

Flacher sind die Schweifbögen mit 25 cm Stich und 240 cm Spannweite. Segmentbögen haben keine flachen Auflagen und eine Spannweite von 180 cm mit 30 cm Scheitelhöhe. Spalierelemente für die Felder zwischen den Pergolapfosten sind in verschiedenen Größen und Ausführungen komplett zu haben. Man kann sie beispielsweise mit Latticefüllung (diagonal) oder mit quadratischem Innenmuster, in verschiedenen Breiten kaufen.

Fertige Pergolabauteile aus Zedernholz gibt es zum Beispiel in folgenden Holzmaßen:

Bauteil	dick (mm)	Länge (cm)
Pfosten	94 × 94	240
Sattelbalken	45 × 94	230
Verlängerung	45 × 94	190 bis 366
Reiter einzeln	45 × 94	57
Reiter lang	45 × 94	190 bis 366
Verstrebung	45 × 94	27*

*) an der längeren Seite

Wenn der Innenraum mit Brettern ausgefüllt werden soll, um besseren Wind- und Sichtschutz an stark exponierten Stellen zu bieten, muß der Rahmen des Elements stärker sein. Fertige Sichtschutzwände gibt es in verschiedenen Höhen und Breiten in Baumärkten und Gartencentern zum Beispiel aus 38 × 140 mm starken, geriffelten Rahmenbrettern, die Füllung ist glatt gehobelt.

Rankwände

Die Flächen zwischen geradlinig verlaufenden Pergolapfosten füllt man nicht nur mit Rankgittern im Karomuster (siehe Bild) aus. Es gibt dafür auch auf der Spitze stehende Quadrate aus 16 × 35 mm schwachen Leisten in 45 × 45 mm starken Rahmen. Solche Rankunterlagen werden auch als Seitenwand oder Dachdeckung über zweihüftigen Pergolen und Ranklauben eingesetzt, flächendeckend oder auf Lücke. In schmaler Ausführung können sie auch an einzelne

Senkrechtbalken geschraubt und berankt werden.

Mit den Kästen und Pergolateilen lassen sich bewegliche Rankwände bauen, die den Sommer lang aufgestellt werden, wo etwas zu verdecken ist. Zwischen die einzelnen oder doppelten Pfosten der Pergola können Blumenkästen gestellt werden. Sie füllen nicht nur den Rahmen auf besonders schöne Weise, sondern dienen auch als Halt für die Pfosten, die daran mit Schlüsselschrauben 10 x 160 cm mit Holzgewinde festgeschraubt sind. Die Blumenkästen selbst werden aus Kanthölzern 7 x 9 cm zusammengesetzt, die an den Ecken überblattet sind (siehe S.24). Die Grundfläche ist variabel 50 cm, 100 cm, 150 cm oder 190 cm lang und 50 cm breit, die Seitenwände sind etwa 45 cm hoch. Man kann sie innen mit Pflanzfolie auskleiden, bekommt dazu aber auch Einsätze aus Plastik mit Lavagestein und Trennvlies als Wasserspeicher im Handel.

Sicht- und Windschutz

Den lauschigen Sitzplatz im umrankten Pergolawinkel hat man gern etwas besser windgeschützt. Statt der Rankgitter fügt man deshalb zwischen die Pfosten eine Brettorwand, wie sie im Garten an vielen Stellen als Sicht- und Windschutz aufgestellt wird. Es gibt dafür zwei Möglichkeiten: Eine aus Flechtelementen, die aus 7 mm dicken und 75 mm breiten Lamellen waagerecht um fünf senkrecht stehende Latten geflochten sind.

Die Rankgitter und Sichtschutzelemente werden mit Elementhaltern befestigt, die aus einer rechtwinklig gebogenen Eisenlasche bestehen. Sie haben auf der Balkenseite eine Holzschraube, auf der anderen zwei Löcher für Holzschrauben, mit denen die Elemente befestigt werden. Sie sind verzinkt, gelb bichromatisiert, weiß oder aus Edelstahl rostfrei hergestellt.

Sie werden an jeder Seite an einen Rahmen genagelt, der 30 x 75 cm stark ist. Man beginnt unten in einer Ecke der verzapften Rahmenbretter und legt die Lamellen einmal vor und einmal hinter die senkrechten Bretter. Die nächste Lage wird umgekehrt geflochten, so daß ein Muster entsteht wie ein großer Spankorb. Fertigelemente in dieser Bauweise gibt es in folgenden Rahmenmaßen: 90 cm, 120 cm, 150 cm und 180 cm hoch in den Breiten von 100 cm, 150 und 190 cm.

In Rahmen gleicher Stärke können waagerechte Lamellen auch glatt an die senkrechten Latten genagelt werden, und zwar immer abwechselnd eins von innen und eins von außen. Die Wirkung ist nicht ganz so locker, aber durch das Wechselspiel von Licht und Schatten sehen die Elemente eher zaunartig aus.

Mit dem oberen Rand kann man weiter spielen, indem man die senkrechten Latten in der Mitte höher, am Rand flacher oben herausstehen läßt. Spannt man darüber eine Lamelle in Bogenform, ergibt sich ein geschwungenes Auf und Ab.

Zaunartiges Lattenwerk an schwerem Stützwerk bietet Schutz in jeder Hinsicht an der Grundstücksgrenze.

Rahmen mit geflochtenen Lamellen lassen sich auch aus noch dünnerem Holz herstellen: 5 mm dick und 75 mm breit, ebenfalls auf fünf senkrechte Bretter bei 2 m Breite abwechselnd nach vorn und hinten geflochten. Für die an den Ecken verzapften Rahmen genügen 30 × 60 cm dicke Hölzer.

Die Lamellen für den Wetterschutz, Rank- und Ziergitter sind häufig so dünn, daß es kaum noch möglich ist, sie an den Rahmen oder gar an Kreuzungspunkten zu nageln. An den Enden spalten sie auf, aufeinandergelegt haben die Nägel nicht genug Halt. Deshalb gibt es im Fachhandel Alu- und andere Klammern, die das Flecht- oder Gitterwerk in den Rahmen festhalten.

Natürlich gibt es auch die Lamellen zum Selbstbau in passenden Maßen, 6,5 mm dick und 42 mm breit. Die

Rahmen mit einer Nut für die angeklammerten Lamellen sind 38 × 38 mm stark. Die Rahmenmaße liegen bei 61 oder 122 cm × 244 cm, die quadratischen Fächer messen 65 × 65 mm, die diagonal gestellten Quadrate 65 × 65 cm oder kleiner 45 × 45 mm. Die auf die Spitze gestellten Öffnungen werden auch Rautenmuster genannt und im Handel nach ihrer »Gitteröffnung« angeboten (z.B. *Holz-Kreiner*), die große Raute 17 cm weit, die kleine 5,4 cm.

Aus unbehandeltem Zedernholz, astfrei und geriffelt, werden alle Latten im Format 18 × 40 mm auf die gewünschten Längen zugeschnitten geliefert, dazu grundsätzlich ausgefräst und wasserfest verleimt. Als Rastermaße werden angeboten:

14,2 cm   168 cm hoch   168 cm breit
20,6 cm   176 cm hoch   168 cm breit

Passend zur Pergola, deren Bau ab Seite 22 beschrieben wurde, gibt es ebenfalls aus Kanadischer Zeder Rankgitter mit quadratischem Muster. Die Gitterleisten sind 26 × 26 mm dick und auf Wunsch gegenseitig ausgefräst, wo sie sich kreuzen, so daß es leichter ist, sie wasserfest zu verleimen. Die Rankelemente sind 180 cm breit und entweder 180 cm oder 120 cm hoch. Ihr oberer Rahmen ist entweder gerade oder sanft nach oben gebogen.

Winkel, Laschen, Balkenschuhe

Zur Holzverbindung gibt es einfache Winkel mit zahlreichen Löchern in den verschiedensten Formaten. Um die Reiter auf den Sattelbalken zu befestigen, kann man feuerverzinkte Doppellaschen mit den Innenmaßen von 45 × 45 mm verwenden, die mit je drei Schrauben unten an den Sattel und oben an den Reiter geschraubt werden.

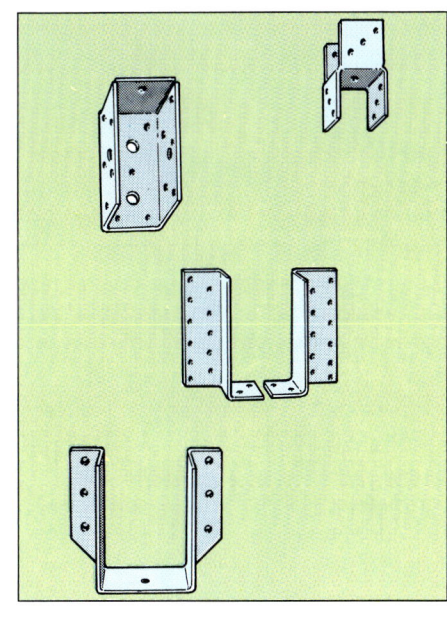

Balken- und Reiterhalter in unterschiedlichen Stärken sind der jeweiligen Belastung angepaßt.

Um einzelne Balken an Mauern oder Wänden zu befestigen, gibt es mehrere Muster von Balkenschuhen mit innen und außen angelegten Befestigungslaschen mit zahlreichen Schraub- und Dübellöchern.

Carport

Aus den Bauteilen für die Pergola kann nicht nur die Ranklaube als lauschiger Sitzplatz im hinteren Gartenwinkel gebaut werden, sondern auch ein Carport über dem Weg zur Garage oder als luftiger Schutz für das Auto. Diese neudeutsche Bezeichnung ist leicht verständlich: Es ist zugleich Portal und Anlegestelle für das Auto, das dort luftig und doch vor Wind und Wetter geschützt steht, wenn man eine oder zwei Seiten des Carports mit dichtem Rankwerk oder Bretterwänden abschottet. Als Dach empfiehlt sich eine lichtdurchlässige Abdeckung aus Stegdoppel-, Trapez- oder Sinus-Profilplatten. Damit hat das Auto ein gutes Klima bei vollem Näs-

seschutz. Es bildet sich weniger Schwitzwasser, weil sich das Blech nicht so schnell aufheizt und abkühlt. Starkregen ist nicht so laut zu hören, der Unterstand paßt in jeden Garten, ohne zu stören. Unter dem freistehenden Dach ist der ideale Platz, um das Auto zu pflegen und zu reparieren. Zufahrten zum Carport und seinem Innenraum sind mit leichter Teilbegrünung ohne weiteres als Gartenteil in die Gesamtgestaltung einzubeziehen. Höhere Randgewächse vermitteln den Eindruck, die Zuwege seien vom übrigen Garten ausgegrenzt. Es sollte aber im Gegenteil versucht werden, sie gar nicht zum Verlust an Gartenfläche werden zu lassen.

Der zweite große Vorteil gegenüber einer teuren Garage ist, daß man den Carport aus den vorstehend beschriebenen Bauteilen sehr schnell selbst zusammenbauen kann. Es ist nichts anderes als eine Ranklaube auf sechs Pfosten und langen Reitern, die sich nach den Maßen des Autos richten. Zu seiner Länge und Breite ist der Schwenkraum für die Türen sowie ausreichender Platz hinzu-

zurechnen, um hinten und vorn herumgehen zu können. Der Zuschnitt und Zusammenbau richtet sich nach den Anleitungen für den Pergolabau, vom Fundament für die Pfostenträger bis zu den Verbindungslaschen für die Sattelbalken und Reiter.

Der Bodenbelag

Die beiden Fahrspuren liegen für Kleinwagen 100 bis 120 cm auseinander, für größere etwa 150 cm. Die Streifen der Fahrspuren selbst sollten 60 bis 80 cm breit sein, so daß zwischen den Spuren etwa 50 cm frei bleiben. Der Bodenbelag muß für die höhere Belastung auf den beiden Fahrstreifen stärker befestigt sein. Man sollte im Garten darauf verzichten, die gesamte Fläche zu betonieren oder zu asphaltieren. Es genügen Fahrspuren aus Plattenbelag, oder man verwendet Rasenpflaster aus Höckerplatten oder verlegt Pflastersteine.

Höckerplatten sind aus besonders hochwertigem Beton so gegossen, daß nur etwa ein Drittel der Oberfläche als Höcker sichtbar ist. Der

Rest besteht aus Kammern und Rillen, die mit Erde gefüllt und mit Rasen besät werden. Sie sind 40 × 40 cm groß und 42 kg schwer, so daß selbst der Reifendruck schwerer Wagen ausgehalten wird.

Sie werden auf eine Unterlage aus mittelgrobem Kies verlegt, der mit Lehm und Torf vermischt ist, damit die Graswurzeln dort zusätzlich Wasser und Nahrung finden. Ein Gefälle muß nicht eingehalten werden; denn die Kammern sind groß genug, um auch hohe Regenmengen aufzunehmen und abziehen zu lassen. In die Kammern wird trockener, feinkrümeliger Gartenboden eingefüllt, der mit reichlich Torf und langsam wirkendem Humusdünger wie Hornspänen vermischt ist. Die Gräsermischung für diesen Zweck besteht aus:

40 %	*Festuca rubra fallax*
25 %	*Poa pratensis*
1 %	*Achillea millefolium*
2 %	*Trifolium repens*
3 %	*Trifolium minus*
4 %	*Poa annua*

Nach der Aussaat wird Humus darüber gestreut und eingekehrt, bis alle Kammern randvoll sind. Danach wässert man mit einer feinen Brause solange, bis die letzten Lücken zugeschlämmt sind.

Das keimende Gras wird nicht gestört, wenn die frisch eingesäten Höckersteine befahren oder betreten werden. Später braucht das Rasenpflaster etwa 30 Prozent mehr Rasendünger als der offene Gartenrasen.

Zickzack- und Höckersteine nehmen den Reifendruck beim Anfahren besser auf als Kleinpflaster, und sie halten bis zwei Drittel der Fläche frei für Strapazierrasen.

Eine teure Garage aus Stein und Beton kann man sich sparen, wenn das Auto im lichten Schutz eines Carports steht.

Kleinformatige Pflastersteine, die auf Abstand verlegt werden, erzielen eine ähnliche Wirkung wie Höckerplatten. Es genügt, wenn zwischen ihnen fingerbreite Ritzen freigehalten werden. Der Belag hat mehr Halt, wenn man ein Muster verlegt, bei dem jeder zweite Stein ausgelassen wird, und die Lücken mit kiesreichem, bindigem Lehm ausfüllt. Dieser gibt den auf Abstand stehenden Steinwürfeln ausreichenden Halt. Je schwerer ein Weg belastet wird, um so tiefer muß er ausgekoffert sein. Für befahrene Wege sollte man den Untergrund 20 bis 25 cm tief ausschachten. Die Kanten werden seitlich sauber abgestochen, die Sohle wird geglättet und festgestampft, wobei die Mitte etwas höher gewölbt bleibt als die Wegränder, damit das Regenwasser leichter ablaufen kann. Auf die Koffersohle füllt man grobe Brocken von Steinschlag, Schlacke, Beton oder Ziegeln, 12 bis 15 cm hoch. Sie werden eingerammt, bevor die nächste Schicht aus Ziegelsplitt, Grobkies oder Steinkohlenschlacke 5 bis 8 cm hoch aufgetragen wird. In dieser Lage sollte die Korngröße nur noch 2 bis 4 cm betragen.

Nachdem diese Lage festgestampft ist, folgt eine Deckschicht aus feinem Splitt oder Kies, Sand, gemahlener Hochofenschlacke oder Ziegelmehl. Alle drei Schichten werden vor dem Einstampfen geglättet und gut durchfeuchtet, damit sie besser liegen und sich gegenseitig gut verbinden.

Ist ein **Kiesbelag** vorgesehen, können über 5 bis 10 cm Schlacke, zusätzlich 3 bis 5 cm Kalkzementmörtel oder Magerbeton im Verhältnis von einem Teil Beton zu zwölf Teilen Sand nützlich sein. Vom blanken Silberkies legt man erst nur die Hälfte auf (nicht umsonst heißt Geld auch Kies) und breitet den Rest darüber, wenn die Oberfläche schon etwas festgefahren ist. Die Erde unter den **Plattenstreifen** wird 20 cm tief ausgehoben und der Unterboden festgerammt. In diesen »Koffer« füllt man 15 cm hoch grobes Material wie Kiesschotter, Basaltbrocken, Ziegelbruch oder grobe Schlacke. Darüber folgt eine dünne Lage feineres Material, das die Unebenheiten ausgleicht. Erst darauf verteilt man 5 cm hoch trockenen Sand, der mit etwas Zement vermischt wurde, um die Fahrstreifen weiter zu festigen.

Im Sand sollen die Platten mit ihrer ganzen Unterseite satt aufliegen. Von der Seite her stopft man mit dem

Hammerstiel Sand nach, bis sie nicht mehr wackeln. Die Oberfläche richtet man mit Latte und Wasserwaage so aus, daß ein seitliches Gefälle von 0,5 Prozent entsteht (5 mm auf 1 m). So bleiben keine Pfützen stehen, selbst wenn es lange geregnet hat. Ist die Spur ganz ausgelegt, streut man scharfen Sand darüber, fegt ihn in die Fugen und schlämmt ihn ein. Plattenstreifen brauchen keine seitliche Begrenzung. Sie werden von Stauden oder Gräsern eingefaßt. Es kann zweckmäßig und nicht weniger attraktiv sein, die Einfahrt zum Carport und die Stellfläche dicht mit **Kleinpflaster** auszulegen. Dazu eignen sich vor allem Natursteine in vielen Farben:

Basalt   – schwarz
Dolomit   – weiß oder gelb
Porphyr   – rotgrau oder grün
Sandstein – gelb

Als Muster nimmt man sich besser nicht zuviel vor. Zweckmäßig sind einfache geometrische Formen: Bögen, Quadrate, Dreiecke, Sterne oder Kreise in einer einfarbigen Umgebung. Neben geraden und behutsam geschwungenen Linien kann man die Anfangsbuchstaben eines Namens auslegen. Künstlerisch Begabte wagen sich an schlichte Figuren wie Blumen, Blätter, Früchte, Tiere, etwa den berühmten altrömischen Hund mit der Unterschrift »cave canem« oder freundlicher zur Begrüßung »salve«.
In Gärten mit norddeutschen Heidemotiven paßt das **Klinkerpflaster** in abwechslungsreichen Mustern:
– versetzte Fugen im Mauerstil, zwei Steine längs und zwei quer;
– Fischgrätmuster im rechten Winkel, im Winkel das nächste Paar;
– Viererverband um einen Halbstein in der Mitte.
Hierzu werden rund 30 Normziegel auf 1 m² gebraucht. Hochkant gestellte Klinker ergeben feinere Muster

und einen dickeren Belag von 12 cm Tiefe. An Material werden dafür 50 Steine auf 1 m² gebraucht. In beiden Fällen ist ein stabiles, seitliches Widerlager angebracht, am besten aus denselben Steinen, die in Magerbeton verlegt sind. Insgesamt wird das Ziegelpflaster stabiler, wenn es nicht in losen Sand, sondern auf eine Lage von 3 bis 5 cm Mörtel verlegt wird.
Verbundsteine aus Beton, die in flacher Zickzackform verlaufen, verteilen besser das Gewicht der Räder und die Schubkraft bei Start und Bremsung. Hierfür kann der Unterbau etwas flacher sein. Es genügen dünnere Schotterlagen unter den Steinen. Allerdings sieht eine damit gepflasterte Fläche eher aus wie ein öffentlicher Bürgersteig.

Überdachungen

Stegdoppelplatten gibt es in verschiedenen Längen von 200 bis 600 cm und mehreren Breiten von 60 bis 120 cm. Sie sind 16 mm stark, farblos, braun oder weiß getönt. Für weiß wird ein Farbzuschlag von 6 Prozent, für braun von 10 Prozent erhoben. Die Platten bestehen aus Plexiglas und sind auch für die ultravioletten Strahlen der Sonne durchlässig.
Stegdoppelplatten brauchen eine Reiterschar, die sich nicht verzieht, also verwendet man dafür vorzugsweise Leimholzbalken der Güteklasse I nach DIN 1052. Diese sind mit Resorcinharz verleimt, von hoher Tragkraft, ohne Risse und Verwerfungen. Die Balken und Bretter sind in unterschiedlichen Stärken und Breiten, entweder 9 m lang oder bis 6,50 m auf die gewünschte Länge gesägt, erhältlich.
Reiter gibt es in einer leichten Ausführung für 16 mm starke Platten in den Längen 400, 500 und 600 cm; sie besteht aus Alu-Unterprofil, PVC-

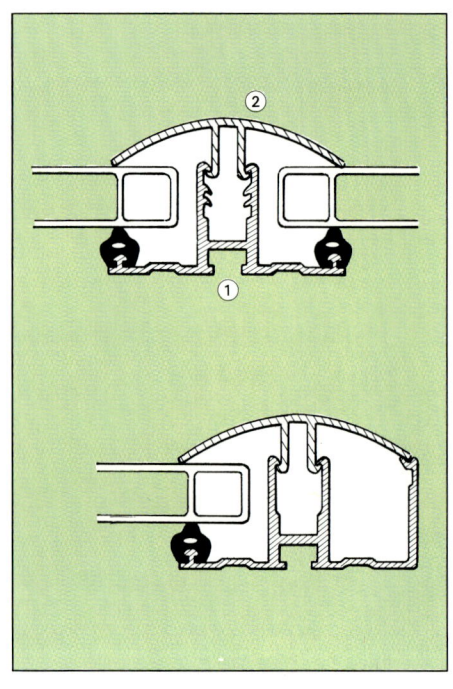

So kompliziert sind die Verbindungsleisten für Stegdoppelplatten im Querschnitt aufgebaut.

Für gewellte Dachplatten gibt es jeweils passende Unterprofile, auf denen sie lückenlos fest verschraubt werden.

Balkenquerschnitte bei Dächern aus Stegdoppelplatten

Pfosten bis 2,25 m Höhe sollten 100 x 100 mm stark sein, bis 3 m Höhe 120 x 120 mm.

Sattelbalken bis 3 m freitragender Länge brauchen für Reiter im Abstand von 75 cm einen Querschnitt von 60 x 120 mm, bis 4 m Länge 60 x 140 mm und bis 5 m Länge 80 x 160 mm.

Dieselben Maße gelten für die langen **Reiter**, auf denen die Stegdoppelplatten mit Befestigungsprofilen angebracht werden.

Sprossendeckleiste sowie einem vorgebohrten Abschlußprofil aus Aluminium. Darin ruhen die Platten mit einem lichten Abstand von 25 mm. Die stabilere Ausführung ist genauso lang, aber erheblich komplizierter gebaut, wie der Querschnitt zeigt. Dazu gehören wieder Unter- und Oberprofil, dasselbe noch einmal für den Rand, Klemmdeckel (weiß oder braun mit 80 Prozent Zuschlag). Die Querpfettendichtung ist 96 cm, 118 cm oder 300 cm lang. Um das Unterprofil auf dem Holz zu befestigen, gibt es Spezialschrauben aus Edelstahl in der Größe 4,2 x 35 mm. Das Ober- wird auf dem Unterprofil gehalten, von Spezialschrauben von 6,5 zu 13 mm und Dichtscheiben aus Edelstahl. Die Neigung des fertigen Daches sollte wenigstens 5 Grad betragen, das sind über den Daumen 9 mm auf 1 m. **Sinusprofilplatten**, die man umgangssprachlich Wellplastik nennt, sind weniger aufwendig zu verlegen. Das Profil 76/18 hat zwischen den Wellen 76 mm Abstand und wölbt sich 18 mm hoch. Dafür gibt es passende Profilleisten, um die Zwischenräume auf den Balken zu verschließen; sie sind 100 cm lang. Den Anschluß an die Mauern stellt ein PVC-Profil her mit einer Deckbreite von 68,4 cm und 0,8 mm Stärke. Befestigt werden die Platten mit Spezial-Holzschrauben 6 x 60 mm, für die man Regenhütchen mit Korrosionskappe bekommen kann.

Die Platten selbst sind farblos oder braun eingefärbt in verschiedenen Längen (200 bis 600 cm), in den Breiten von 104,5 und 150 cm; da ein Teil der Platten in den Befestigungen »verschwindet«, errechnet sich daraus eine Nutzbreite von 98,1 und 143,6 cm. Die Befestigungspunkte liegen bei der breiten Platte auf den Wellen 2, 5, 9, 12, 15, 18, bei der schmäleren auf den Wellen 2, 5, 9 und 12. Die Dachneigung sollte wenigstens 10 Grad betragen, also 18 cm auf 1 m.

Das Profil 76/18 gibt es außerdem in **Trapezform** mit entsprechenden Profilleisten und Maueranschlußstücken. Hier braucht die Dachneigung nicht ganz so schräg zu liegen, es genügen 4 Grad. Die Platten sind nur 1,2 mm stark und lassen UV-Licht passieren (die Sinusprofilplatten verschlucken die UV-Strahlen). Trotzdem gibt es für Lichtdurchlässigkeit, Materialfehler und Witterungseinflüsse zehn Jahre Garantie.

Bei einer Plattenbreite von 114 cm kommt man auf 107 cm Nutzbreite, sie sind genauso lang wie die Wellplatten. Befestigt werden sie mit Kreuzschlitz-Schrauben von 5 x 50 mm auf einem Abstandhalter; denn sie sollen auf jeder zweiten Erhebung festgemacht werden. In ungünstigen Lagen wird sogar das

Dichtungsleisten halten die Abdeckplatten auf dem Dach auch unter Schneedruck unverrückbar fest und wasserdicht.

Anschrauben jeder Hochfläche empfohlen; alle wieder unter einem Regenhütchen mit Korrosionskappe, hier aber nur farblos.

Baugenehmigung

Für Carports mit massivem Dach und festen Wänden braucht man in den meisten Bundesländern eine Baugenehmigung. Die Hersteller von Bauteilen (siehe S.79) fügen die dafür notwendigen Baubeschreibungen und Bauzeichnungen der Montageanleitung bei. Diese können auch mit einer Postkarte kostenlos angefordert werden. Anders die für den Bauantrag erforderliche Statik. Sie kostet 200 Mark, die jedoch beim Kauf der Einzelteile sowie bei Nichtgenehmigung des Baus zurückerstattet werden.

Eine Pergola braucht normalerweise keine behördliche Zustimmung, auch wenn sie mit einer lichtdurchlässigen Bedachung eingedeckt wird.

Bau eines Gartenhäuschens

Laubenpieper nannte man die Kleingärtner früher, so selbstverständlich gehörte in jeden Garten ein Gartenhäuschen. Das hatte gute Gründe – es wurde dringend gebraucht, um die Geräte und Gartenmöbel sicher aufzubewahren. Dazu dienen sie meist auch heute noch im Hausgarten, weil der gesamte Gartenbedarf kaum noch im Keller unterzubringen ist. Zumindest möchte man ihn nicht jeden Abend einräumen und an jedem schönen Tag wieder hochtragen.

Gerätehäuschen

Als Gartenhaus im Miniformat werden neuerdings viele **Geräteboxen** im Fachhandel angeboten. Ein typisches Beispiel besteht aus feuerverzinktem Profilstahlblech, galvanisiert und mehrfach lackiert, 218 cm breit, 118 cm tief und 176 cm hoch auf einem Sockel von 207 cm Breite und 110 cm Tiefe. Der Aufbau ist problemlos, da selbst der passende Schraubenzieher zum Montageset gehört.

Kleinere **Gerätehäuser** von 2 bis 3 m³ Rauminhalt kosten 400 bis 600 Mark; der hohe Preis ist an sich schon ein Grund, lieber selbst eins zu bauen. Aber diese Blechbüchsen haben noch mehr Nachteile: An ihren Wänden bildet sich Kondenswasser, das Dach kann unter Schneelast einknicken, die Seitenwände lassen sich zu leicht eindellen. Gegen Winddruck müssen die Blechhäuser mit Holzpfählen im Boden verankert werden, damit sie nicht umfallen. Sicheren Stand bietet nur ein Betonfundament, da sie meist ohne Fußboden geliefert werden. An den Wänden können keine Haken angebracht werden. Manche Modelle lassen sich nicht einmal verschließen. Das aber ist notwendig zum Schutz wertvoller Geräte. Außerdem müssen scharfe, spitze, elektrisch geladene Geräte, leicht

brennbare und giftige Gefahrenstoffe so aufbewahrt werden, daß sich niemand daran verletzen kann. Sonst kostet es Strafe und Schadensersatz.

Gerätehaus selber bauen

Es gibt also Gründe genug, sich selbst ein kleines Gerätehaus aus Holz zu bauen, das in den Garten paßt. Zunächst stelle ich Ihnen beispielhaft ein sehr einfaches Modell vor, in dem Sie alles lagern können, was täglich im Garten gebraucht wird.

Als **Untergrund** genügt eine gestampfte Schüttung aus Kies, wie für Wege und den Carport (siehe S.34) in den Maßen 180 × 180 cm. Daraufgelegt und ausgerichtet werden vier kesseldruckimprägnierte Kanthölzer 9 × 9 cm. Auf ihnen vernagelt man das Bodenelement, darum herum werden die Wand- und Dachteile verschraubt.

Der **Boden** und die beiden **Seitenelemente** werden in den angegebenen Maßen aus Normalbrettern auf einen Lattenrahmen (bestehend aus vier Rahmenhölzern, die an den

Ecken überblattet werden) genagelt. Die beiden **Giebel** sind in der Mitte oben flach erhöht, so daß die Dachform entsteht. Entsprechend werden die drei oberen Bretter schräg abgesägt. In der Mitte jedes Seiten- und Giebelteils ist zur Verstärkung des Rahmens ein weiteres Rahmenholz angenagelt. Dasselbe gilt für die beiden **Dachelemente**, die auf drei längs zu den Seitenwänden verlaufende Rahmenlatten genagelt werden.

Im vorderen Giebelteil wird an der Mittelleiste die **Tür** angeschlagen. Sie

Materialliste Gerätehaus		
Stück	Bauteil	Maße (cm)
1	Bodenelement	180 × 180
1	Giebelelement mit Tür	173 × 200
1	Giebelelement	173 × 200
2	Seitenelemente	180 × 184
4	Eckleisten	4 × 8 × 185
2	Dachelemente	110 × 220
4	Giebelblenden	111
2	Traufblenden	220
2	Firstblenden	110
3	Dachpappen	230

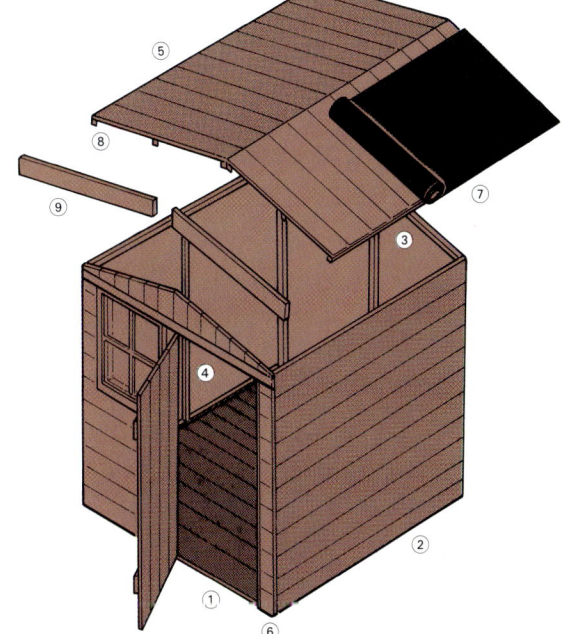

Bauteile eines einfachen Gartenhäuschens:
① Bodenplatte,
② Seitenwände,
③ Rückwand,
④ Rahmen,
⑤ Dachplatte,
⑥ Giebelwand,
⑦ Dachpappe,
⑧ Randpfetten,
⑨ Blenden.

Kostspielige und gefährliche Geräte
sowie Chemikalien für den Garten dürfen
nicht frei zugänglich sein.

wird aus acht senkrechten Brettern 170 cm hoch auf zwei Riegelbretter genagelt, die an ihren Enden mit einem diagonalen Brett in Z-Form verbunden sind. Diese Verstrebung gibt den nötigen Halt, wenn sie von der unteren Türangel schräg nach oben zur Schloßseite verläuft, und sie wird unverrückbar mit den Riegeln verbunden, am besten in diese eingelassen. Das muß exakt ausgesägt werden: ein schmales Dreieck mit der stumpfen Spitze nach außen in den Riegel und genau dazu passend das Ende der schrägen Strebe. Als Halterung für das Türschloß wird ein »Querstrich« durch das Z gezogen, ein waagerechtes Brett, das die Diagonale überblattet. Die Beschläge für Türangel und Schloß oder Riegel samt Vorhängeschloß gibt es im Baumarkt zusammen mit den Schrauben, die sie auf den Querstreben festhalten.

Ein **Fenster** auf der gegenüberliegenden Giebelseite sieht zwar schön aus, vor allem wenn ein Blumenkasten darunter hängt, aber es gehört schon einige handwerkliche Fertigkeit dazu, den Fensterrahmen so herzurichten, daß er anschließend verglast werden kann. Unbedingt notwendig ist es nicht, eher ein Unsicherheitsfaktor; denn es ist leichter einzuschlagen als die Tür aufzubrechen.

Seiten und Giebel werden an der Bodenplatte so festgenagelt, daß sie rundherum gleichmäßig überstehen. Regnet es stark von der Seite, kann so kein herablaufendes Wasser in das Gerätehaus dringen. Miteinander werden sie durch Schlüsselschrauben durch die Rahmen verbunden, erst an einer Ecke. Solange stützt man die anderen Wandteile provisorisch ab, bis die vierte Ecke verschraubt ist. An die Hausecken werden die Eckleisten angenagelt, um das Verbindungsgeschehen zu verdecken.

Die **Dachpappe** wird in drei Bahnen aufgeteilt, die 230 cm lang sind, so

daß auf allen Seiten jeweils 5 cm überstehen. Von den Traufkanten angefangen, werden zwei Bahnen in Giebelrichtung mit allseitigem Überstand mit Dachpappstiften angenagelt. Die mittlere Bahn wird so über den Giebel geknickt, daß beide Seiten gleich weit überdeckt sind, und ebenfalls angestiftet.

Die überstehenden Ränder der Dachpappe werden umgebogen. Zwei Traufblenden auf den Längsseiten halten die umgeknickte Dachpappe unter sich zusätzlich fest und bilden einen besseren Abschluß. Die umgeknickte Dachpappe auf den Giebelseiten wird unter breiteren Blenden verborgen. Diese werden aus zwei Brettern von 110 cm Länge auf der Unterseite gefällig wellig ausgesägt. Über ihren Zusammenstoß in der Giebelmitte nagelt man die beiden Giebelblenden. Das sind etwa 20 cm lange Brettchen, die an den Längsseiten leicht abgewinkelt werden. Sie bilden vorn und hinten das Tüpfelchen auf dem i.

Als **Inneneinrichtung** empfiehlt sich eine Aufhängung für Handgeräte, die möglichst nicht auf dem Boden herumstehen sollten. Geräteständer gibt es im Fachhandel für 14 Stielgeräte, sie sind nur 46 cm breit und 60 cm hoch. Für 35 Gerätestiele genügt ein Ständer, der 60 cm breit und 46 cm hoch ist.

Müssen nur fünf Geräte platzsparend untergebracht werden, empfehlen sich praktische Wandgerätehalter mit Klemmen, so daß die Stiele selbst keinen Aufhänger brauchen. Für die leichten Plastikschläuche gibt es Wandschlauchhalter, wenn sie nicht auf dem Schlauchwagen aufgerollt bleiben. Scheren, deren Schneiden mit Federn unter Druck stehen, werden grundsätzlich geöffnet aufgehängt.

Ein hoch angebrachtes Regalbrett nimmt Gefahrenstoffe auf, die Kindern nicht zugänglich sein dürfen. Die Gerätehaustür bleibt im Sommer oft

unbeaufsichtigt offen stehen, während im Garten gearbeitet wird. Sicherer ist deshalb ein abschließbares Wandschränkchen für alle Chemikalien und scharfen Messer. Heckenscheren und Sägen hängt man ebenfalls hoch oben auf.

Gerätehaus aus Fertigteilen

Gerätehäuser in Schlichtbauweise kann man je nach Platzbedarf in unterschiedlichen Grundrissen aufstellen. Die Bauteile kann man von verschiedenen Herstellern auch vorgefertigt beziehen. Es gibt sie in mehreren Größen.

Dazu gibt es zum Beispiel einen **sechseckigen Gerätepavillon** im Durchmesser von 240 cm und 250 cm hoch, aus 100 cm breiten Einzelwandteilen. Daraus ergibt sich eine Bodenplatte, deren Quadratmaß 240 cm beträgt, während die Entfernung zwischen den Eckpunkten diagonal gemessen 260 cm ausmacht. Sechs Seitenteile werden, wie oben beschrieben (siehe S.50), auf Rahmen (100 cm breit und 220 cm hoch) mit Brettern waagerecht genagelt. Die Tür füllt eine Wand genau aus, ebenso ein Fenster, das von der Mitte bis zum oberen Rand der Wand reicht.

Das Dach setzt sich aus sechs spitzwinkligen Elementen zusammen, die an ihrer Basis 110 cm breit sind. Sie laufen nach oben zu einer Spitze zusammen, wo sie ebenso wie auf den Seitenwänden verschraubt werden. Die Dachpappe wird mit 8 cm überstehenden Rändern in gleiche Formate geschnitten und mit Dachpappestiften übereinander genagelt. Über die Spitze stülpt man ein kreisförmiges Stück Dachpappe, das bis zur Mitte eingeschnitten wird, so daß sich ein kegelförmiger Hut ergibt, der das Dach regenfest abschließt.

Ganz ohne Fenster wird eine ähnliche **Sechsecklaube** gebaut. Ihr Vorteil ist, daß mehr Wandflächen mehr Platz

bieten. Sind die Seitenwände 1 m breit, ergibt sich daraus eine Grundfläche innen von 3,8 m^2. Bei 2,70 m Höhe ist das ein umbauter Raum von weniger als 10 m^3, so daß meist keine Baugenehmigung erforderlich ist. Die Wandteile sind 195 cm hoch aus 12,5 mm starken Brettern, mit Nut und Feder auf überblattete Rahmen genagelt. Die Dachverschalung ist 16 mm stark und alles Holz kieferhell imprägniert. Aus denselben Bauteilen läßt sich auf entsprechend vergrößerter Bodenplatte ein acht- oder gar zehneckiges Gerätehaus errichten.

Gartenhäuschen selbst gebaut

Der einzige Unterschied zu den Gerätehäusern besteht darin, daß Gartenhäuser mit Mehrzwecknutzen größer sind und einen meist überdachten Sitzplatz vorgebaut haben. Die schlichte Sitzbank vor der Giebelseite ist die seltene Ausnahme. Eine Gruppe heißt sogar Vorbau-Gartenhaus, weil unter dem Dach nur ein Teil des Raumes umbaut ist. Zumindest ein Drittel bis ein Viertel der Gesamtseitenlänge ist Sitzplatz im Freien. Beim Galerie-Gartenhaus geht der überdachte Stehplatz für den Schaukelstuhl nach amerikanischem Muster über die ganze Länge einer Hausseite.

Im folgenden wird beispielhaft der Bau eines relativ einfachen Gartenhäuschens beschrieben. Wenn Sie handwerklich erfahren sind, können Sie alles aus Kanthölzern und Brettern selbst zusammenzimmern. Weniger geübte Bastler sollten sich Gartenhäuser aus Fertigbauteilen aufstellen. Im Handel erhalten Sie viele verschiedene Modelle und Größen.

Untergrund und Boden

Der Untergrund wird vorbereitet wie für den Carport (siehe S.34), vollkommen waagerecht und eben. Es genügt eine 15 cm starke Kies- oder Schotterschicht. Das erspart punktförmige Fundamente aus Natur- oder Kunststein. Auf Betonguß kann man für den Unterbau völlig verzichten; denn es geht nur darum, eine Auflage für die untersten Kanthölzer herzustellen.

Für den Fußboden werden 75 × 95 mm starke Balken auf Hauslänge zurechtgesägt, der erste und der letzte Balken aus 75 × 155 mm starkem Kantholz. Auf dem Untergrund werden sie in gleichmäßigen Abständen verlegt, auf 430 cm Hauslänge kommen zum Beispiel acht Stück.

Auf die beiden Endbalken wird außen je eine Latte von 40 × 60 mm aufgenagelt. Dazwischen liegen quer dazu 60 × 60 mm lange Kanthölzer. Sie werden mit je einem Nagel von 120 mm Länge an jedem Kreuzungs-

Bodenplatte eines Gartenhauses in Fachbauweise, damit die einzelnen Fächer mit Isoliermaterial ausgefüllt werden können.

Materialliste Boden

Bei einem Hausgrundriß von 430 × 540 cm besteht die Stückliste für den Boden aus folgenden Einzelteilen:

Zahl	Bauteil	Größe in (mm)
2	Kanthölzer	75 × 155 × 4310
6	Kanthölzer	75 × 95 × 4310
9	Kanthölzer	60 × 60 × 2920
9	Kanthölzer	60 × 60 × 2400
64	Bretter	2700
64	Bretter	1610

punkt festgenagelt. Das geschieht genau rechtwinklig. Ob das stimmt, läßt sich am besten dadurch feststellen, daß die Diagonalen der entstehenden Karos gleich lang sind. Sind die handelsüblichen Latten zu kurz für die Hausbreite, dann setzt man zwei Längen auf den Kreuzungspunkten jeweils so zusammen, daß die Zusammenstöße wechseln, also jeweils abwechselnd ein längeres und ein kürzeres Kantholz von jeder Seite aus und umgekehrt. Dasselbe gilt für die Fußbodenbretter, wenn sie kürzer als die gewünschte Hauslänge sind.

Das vorderste Brett wird mit der Nut nach vorn bündig auf das 60 × 60 mm starke Kantholz genagelt. Die folgenden Nut- und Federbretter werden eng ineinander geschoben und mit je zwei Nägeln von 55 mm durch jeden Kreuzungspunkt auf die oben liegenden Kanthölzer genagelt. Das letzte Brett schließt möglicherweise nicht genau innerhalb der Hausbreite ab. Es muß in diesem Fall längs abgetrennt werden.

Die Hauswände aufstellen

Die **Seitenwände** werden wie beim Gerätehaus (S.39) aus Einzelelementen stets gleich hoch auf Rahmenbalken genagelt. Auch die Giebelseiten fertigt man so an; denn diese

Für normale Böden und Gartenhäuser genügt ein Punktfundament, in das eine Lasche einbetoniert ist.

erhalten erst zum Abschluß Aufsatzspitzen. Zum Bau der Wände verwendet man 55 × 75 mm starke Rahmenhölzer und Profilbretter mit der Nut nach unten. Als Eckverbindung wird ein 35 × 95 mm starkes Brett ausgefräst, wie der Querschnitt zeigt. Zwischen die Wandelemente stellt man Dichtungsleisten von 14 × 24 mm, die zwischen die Rahmenhölzer geschraubt werden, wie es auf der Abbildung zu sehen ist. Damit von unten her kein herablaufendes Wasser eindringen kann, stellt man später die Wandelemente so auf, daß sie an allen Außenkanten etwa eine Brettstärke (2 cm) über die Bodenplatte hinausstehen.

Die **Wandelemente** mit Fenstern und Türen verlangen sehr große handwerkliche Fertigkeiten, so daß es ratsam erscheint, sich nicht selbst daran zu versuchen, sondern sie komplett zu bestellen.

Die Summe der Wandelemente muß am Ende genau den Bodenmaßen entsprechen. An den Ecken stehen die Rahmenhölzer zusammenstoßender Wandelemente so aneinander, daß sie innen eine ebene Fläche bilden (siehe Abb.). Die Rahmen-

So werden vorgefertigte Wandteile eines Gartenhäuschens aneinander geschraubt. Oben: gerade Wandseite; unten: Hausecke

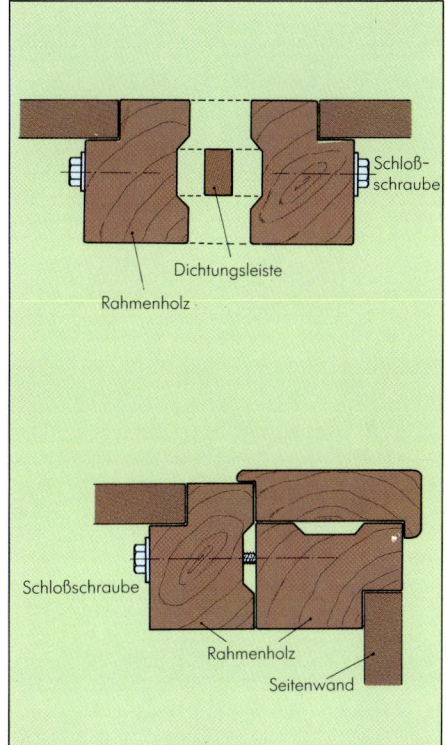

Schloß-schraube

Dichtungsleiste

Rahmenholz

Schloßschraube

Rahmenholz

Seitenwand

hölzer werden an drei Stellen, unten, Mitte und oben, durchbohrt und mit Mutterschrauben von 8 x 100 mm zusammengehalten.

Für die **Giebelseiten** müssen die Aufsätze aus Rahmenhölzern und senkrecht stehenden Brettern zusammengenagelt werden. Im geplanten Beispiel sind die beiden Giebelspitzen 4246 mm lang und 900 mm hoch. Das waagerechte Rahmenholz steht damit auf beiden Seiten 23 mm über die Wandelemente an den Hausecken hinaus. Die Bretter werden senkrecht auf den Rahmen gelegt und so abgesägt, daß sie oben bündig mit den schrägen Giebeln abschließen und unten überstehen. So verdecken sie die Auflage des unteren Rahmenholzes auf dem Rahmen der Giebelwandelemente. Diese werden mit Schloßschrauben von 6 x 100 mm durch vorher gebohrte Löcher verschraubt.

Alle Gartenhäuser mit **Vorbau** brauchen nicht nur zwei, sondern drei Giebelaufsätze, weil das vorstehende Dachteil auf Eck- und Mittelpfosten ruht, die oben mit einem solchen Abschluß verbunden werden. Auch wenn nicht die ganze Giebelseite

offen ist, sondern bis zur Hälfte mit Wandelementen oder großen Fenstern wie eine Veranda gestaltet wird, stellt man einen kompletten Giebelaufsatz auf den Wandteil, der den Innenraum gegen den Freisitz abgrenzt. Das stört drinnen nicht weiter und gibt dem Dach festeren Halt.

Ob zwischen den Pfosten ein **Geländer** aus geschwungenen Brettern angebracht wird oder alles offen

bleibt, hängt allein vom Stil des Hauses und dem eigenen Geschmack ab. In den Fertighaus-Programmen ist der überdachte Sitzplatz vor dem Gartenhaus fast immer ungehindert geöffnet. Ein Geländer macht nur dort einen Sinn, wo es davor schützen soll, weiterzugehen. Also oben auf einer Böschung, vor einer Mauer, vor einem Teich, Sumpfbeet oder einer Pflanzung, damit das Haus nur von der Seite betreten werden kann.

Das Dach aufbauen

Die beiden **Dachseiten** bestehen im Prinzip aus denselben Elementen wie die Wände, nur daß die Längsbalken hier Pfetten heißen. Sie werden in die Oberkante der Giebelaufsätze eingelassen. Dazu werden sie in vorher ausgesägte Ausschnitte gelegt und mit Spax-Schrauben festgehalten. Dasselbe geschieht mit den Randpfetten auf den oberen Rahmenbalken der Seitenwände.

Ist das Gartenhaus länger als 420 cm, werden die Pfetten in Teilstücken dort überblattet, wo die Wand zum Vorbau oder eine Trennwand darunter verläuft.

Die First- und Mittelpfetten werden in ihren Ausschnitten mit Mutterschrauben 6 x 80 mm festgeschraubt, die Randpfetten mit ebensolchen Schrauben durch vorgebohrte

So wird die Giebelwand mit dem Giebelaufsatz und den Dachpfetten verschraubt.

Materialliste Dach

Für den Fall, der hier konstruiert wird, besteht das Dach aus den folgenden Bauteilen:

Zahl	Bauteil	Größe (mm)
2	Randpfetten	55 x 115 x 6000
4	Mittelpfetten	75 x 115 x 6000
1	Firstpfette	75 x 135 x 6000
4	Giebelblenden	30 x 160 x 2270
142	Profilbretter	2700
4	Dachrinnen	3000
2	Deckbrettchen	
7	Rollen Dachpappe	

Die einfachste Dachrinne besteht aus zwei Brettern, die im rechten Winkel zueinander verschraubt werden.

Die Dachpappe wird immer so ausgerollt, daß die höhere Lage den kiesfreien Klebestreifen der unteren überdeckt.

Löcher im Rahmen der Oberkante Seitenwand befestigt. Auf den Hirnholzenden der Giebelaufsatzspitze werden sie zusätzlich von der Seite mit Spax-Schrauben 6 x 80 mm festgedreht. Das Dach selbst steht an beiden Seiten insgesamt bis 60 cm über.

Das erste **Dachbrett** wird mit der Nut nach außen bündig auf die Pfetten genagelt, die folgenden eng ineinander geschoben, und an jeder Kreuzungsstelle je ein Nagel in die darunter liegende Pfette getrieben. Das letzte Brett muß meist wie beim Fußboden in seiner ganzen Länge abgesägt werden.

Die **Dachrinnen** aus zwei rechtwinklig zusammengenagelten Brettern wird mit Spax-Schrauben 4 x 50 mm unter die Dachbretter geschraubt.

Die **Dachpappe** wird so geschnitten, daß beide Enden bündig auf den Dachbrettern liegen. Sie soll sich auf der ganzen Länge so überlappen, daß die kiesfreien Klebestreifen überdeckt sind. Das bedeutet, man beginnt unten an der Dachrinne und

schlägt 20 Dachpappnägel pro Quadratmeter ein. Die nächste Bahn überdeckt den oberen Rand der unteren, die dritte den First und die unteren Bahnen der anderen Seite. **Giebelblenden** werden so an der Kante der Dachbretter und den Stirnseiten der Pfetten befestigt, daß von all dem nichts mehr zu sehen ist. Dazu müssen sie breit genug bemessen sein und höher als das Dach angesetzt werden.

Den Mittelstoß kann man mit einer Verblendung in selbst gewählter Gestaltung überdecken. Ein schlicht ausgeschnittener Vogel paßt gut hierher, ein Wappen oder eine stilisierte Sonnenblume. Die Fassade des Vorbaus kann aufwendiger auch mit einer Kantholzkonstruktion geschmückt werden.

Blockhütten

Die urtümlichste Bauweise für Gartenhäuser sind Balkenlagen, an den Ecken übereinander gelegt wie im Wilden Westen. Das ist einfach, massiv und extrem lange haltbar. Deshalb werden die Häuser in den Bergen so gebaut, nicht nur die Hütten für Wanderer.

Im Garten spricht man meist von Hütten, wenn es um Spielhäuschen für Kinder, Geräte- und Hundehütten, höchstens noch kleinformatige Lauben geht. Die Programmreihen der Blockhütten beginnen zwar auch bei Grundrissen von 200 x 200 cm, doch am Ende stehen da kleine Einfamilienhäuser von 540 cm Breite und mit Vordach von 750 cm Länge. Dem Begriff »Hütte« haftet da nichts Kleines mehr an.

Grundbauweise

Die Blockhäuser sind aus vorgefertigten Bohlen in unterschiedlichen Dicken (etwa von 48 x 140 mm bis 75 x 140 mm) erhältlich. Die Bohlen

Mehrfach genagelte Knicklaschen halten die Balken zusammen.

Um das Balkengerüst zu sichern, werden provisorische Winkelstreben angeschlagen.

Dachlatten festigen den Rahmenbau eines kleinen Gartenhäuschens.

sind mit doppelter Nut und Feder oder nach oben gerichteter Wasserlippe ausgestattet, die verhindert, daß seitlich aufprallender und ablaufender Regen in die Fugen dringt. Die Federverbindung im herkömmlichen Zickzack-Muster kann nicht verhindern, daß Schlagwasser zwischen die Hölzer läuft und dort Schimmel oder Fäulnis auslöst. Die Keilnut in der Mitte garantiert dafür, daß die Bohlen dauerhaft fest ineinander verkeilt liegen, auch wenn sie nur das eigene Gewicht zusammenhält. Zur höheren Sicherheit gibt es Gewindezugspindeln und Steckstäbe.

Den Eckverband sichern eine Reihe spezieller Ausfräsungen, um das Eindringen von Licht und Feuchtigkeit auszuschließen. Es genügt dafür nicht, daß die Bohlen an den Kreuzungspunkten soweit ausgenommen werden, daß die Kerben exakt ineinanderpassen. Die mit Gebrauchs-

muster geschützten Fugen, die das Bild zeigt, sichern eine geschlossene Stoßfuge, auch nach dem unvermeidlichen Schwund des Holzes. Licht und Feuchtigkeit können nicht eindringen.

Balken in dieser Präzision auf das Zusammenpassen vorzubereiten, ist sicherlich mehr, als man ohne Werkzeugmaschinen bewältigen kann. Was in den Kanadischen Wäldern mit der Axt aus den Stämmen gehauen wird, ist nicht zu vergleichen mit den Anforderungen, die in der Schrebergartenkolonie oder vom Bauamt erfüllt sein müssen. Das Holz für die Bohlenwände muß man ohnehin kaufen, also kann man es auch gleich beschnitten nehmen.

Damit Sie sich vorstellen können, wie man ein Blockhaus aus vorgefertigten Bohlen im Garten aufstellt, wird hier beispielhaft der Aufbau eines typischen Häuschens beschrieben.

Nach Art des Wilden Westens werden die Bohlen von Blockhäusern über Eck in Aussparungen gelegt. Damit kein Wasser eindringt, sind die Schmalseiten mehrfach genutet.

Fundament und Boden

Es bleibt auch beim »Fertighaus« noch genug selbst zu tun. Das Fundament wird frostsicher bis 80 cm tief gelegt (siehe S.18). Es kann an einzelnen Punkten, in Streifen oder als Platte gegossen werden. In Montage-Anleitungen findet man immer wieder die Aufforderung, nur ja nicht zu betonieren. Aber das ist wohl eher opportunistisch zu verstehen, denn was sollte unter den Fußbodenbrettern wohl blühen, wachsen und gedeihen. Es gibt sogar Blockhäuser, die regelrecht unterkellert werden, was auch nicht gut ohne Mauerwerk zu bewerkstelligen ist. Beton ist auch im Garten ein vielseitig verwendbarer Baustoff. Die Bodenplatte wird mit einer Lage Dachpappe bedeckt, um die von unten aufsteigende Nässe abzublocken. Gegen kalte Füße kann mit 80 mm Mineralfasern zusätzlich isoliert werden. Darauf liegen Balken von 100 x 140 cm, wenn das Fundament in Streifen oder nur punkt-

förmig gegossen wurde. Auf einer Festplatte genügen 80 x 100 cm. Auf die Balken werden, wie beschrieben (S.42), 22 mm starke Hobeldielen mit Nut und Feder genagelt.
In anderen Baureihen verwendet man statt der Bretter eine 22 mm dicke, wasserfeste Spanplatte (V 100 G), unter der im Abstand von 60 bis 70 cm 60 x 80 mm starke Kanthölzer verlegt sind. Die beste Unterlage dafür sind normale Gehwegplatten von 30 x 30 cm Randmaß. Auch unter diesen Fußböden kann eine Isolierung von 4 cm Styropor verlegt werden.

Seitenwände, Türen und Fenster

Die Seitenwände aus massiv Nordischer Fichte, kernfrei und kammergetrocknet, sind in diesem Fall 125 mm hoch und 65 mm dick, soweit man das bei den nach außen gewölbten Bohlen sagen kann. Auf der Innenseite sind die Wände glattge-

Bei diesem Fertig-Blockhaus hat unter dem Vordach eine großzügige Sitzgruppe Platz (*KÜPA*).

hobelt. Das gilt für alle Typen, vom Kinderblockhaus im Grundmaß 200 x 260 cm bis hin zu den Ferienhäusern, die 7 m und länger sind. In den Spezialeckverzahnungen liegen die Bohlen wind- und wasserdicht. Zusätzlich sichern kann man sie mit verzinkten Spannstangen in den Längswänden, die auch dann zusammenhalten, wenn das Holz »arbeitet«. Für Tür und Fenster müssen stabile Rahmen in die Wandbohlen eingepaßt und angeschlagen werden. Das geschieht zweckmäßig nach den Maßen von Fertigbauteilen. Im Angebot sind komplette Türen mit Zylinderschloß in verschiedenen Maßen und Ausführungen. Man bekommt auch verglaste Türen, Klöntüren (zwei Flügel übereinander wie eine Pferdestalltür) und passende Blendläden. Fenster sind ebenfalls variabel im

Angebot. Es gibt sie mit verschiedenen Extras wie Isolierglas, Blendläden, Flügel zum Drehen oder Kippen; als Zubehör Fensterblumenkästen und Gardinenleisten.

Von außen sieht alles verbaute Holz naturbelassen aus, aber es ist im Tauchverfahren mit Holzschutzmitteln im Farbton nach Wunsch gegen Feuchtigkeit, Schwamm und Pilz behandelt, aber frei von PCP und Lindan.

Auffälliger sind auf grünen Wänden weiß lackierte Türen, Fenster und Blumenkästen, Zierblenden vor dem Dach und Stützbalken unter dem Vordach, das innen ebenfalls geweißt ist.

Dach und Dacheindeckung

Auf dem Dach liegt ebenfalls feingrüne Dachpappe einfach und überlappt wie beim Bretterhaus (siehe S. 20) oder, erst quer dazu, eine Lage einfacher Dachpappe (V 11) und darauf längs die grün bekieste, wartungsfreie V 13. Erheblich teurer ist eine zusätzliche Abdeckung aus grünen Bitumenschindeln oder roten Dachpfannen.

Auch für die Dachrinnen kann man mehr bezahlen, wenn man sie aus Kupfer, Zink oder halbrohrförmig gefrästem Holz haben will. Es genügen hier wie beim Bretterhaus zwei Bretter, die rechtwinklig aneinander genagelt sind. Für die Verblendung vor den Stirnkanten stehen entweder schlichte, gerade Bretter oder je nach Baustil girlandenförmig geschwungende Giebelblenden zur Auswahl. Die Dachabdeckung liegt auf 20 mm dicken Tannenriemen (Bretter aus Tannenholz) oder 22 mm Hobeldielen mit Nut und Feder in einer Neigung von 18 bis 22 Grad, also relativ flach. Der Dachstuhl wird (siehe auch S.43)

mit Pfetten in die oberen, schräg verkürzten Balkenlagen eingelassen. Für alle Haus- und Hüttengrößen genügen Mittel- und Seitenpfetten von 70 × 140 cm, höchstens bei den Ferienhäusern sind 100 × 200 mm dicke Leimträgerbalken als Pfetten angebracht.

Isolierung und Innenwände

Das Dach kann von unten sichtbar bleiben und muß nicht unbedingt über einer Innenraumdecke versteckt werden. Wird diese gewünscht, sind dafür gehobelte Trägerbalken 100 × 140 mm nötig, um die 20 oder 22 mm starken Bretter zu halten. Dieser Unterbau hat den Vorteil, daß problemlos eine 60 mm dicke Mineralfaserdecke darauf ausgelegt werden kann. Das Dach selbst kann ebenfalls isoliert werden mit 50 mm Styroporplatten kaschiert oder DECRA-Dachisolierung mit 40 mm Styropor. Bei Bitumenschindeln ist

außerdem eine innenliegende, zweischalige Dachisolierung aus 20 mm Styropor möglich.

Wer die Wände ebenso isolieren möchte, braucht dafür eine Konterlattung von 80 × 80 mm, deren Fächer mit Mineralfasern ausgefüllt werden, bevor auch hier Hobeldielen oder Rauhspund (eine strukturierte Wandisolierung) aufgenagelt werden. Als Fußbodenisolierung gibt es zweischalige, 22 mm dicke Spanplatten V 100, die mit Styropor ausgefüllt sind. Innenwände zwischen abgeteilten Nebenräumen werden aus Blockhausbohlen aufgeschichtet, die 140 mm hoch und 48 mm, 55 mm oder 75 mm breit sind. Hier dienen doppelte Nut und Feder nur der nötigen Stabilität. Ecken werden wie bei der Außenwand in die Ausfräsungen gelegt. Sie ragen genauso wie die Hausecken durch die Wand, müssen darum vor Nässe, Wind und Licht abgeschirmt, also sechsfach gesichert sein (Seite 44).

So gemütlich wie in der Jausenstation einer Tiroler Berghütte kann es im Gartenhaus auf dem flachen Lande auch aussehen.

Bau eines
Pavillons

Es hängt nicht von der Größe ab, ob ein Gartenhaus mit Recht Pavillon genannt werden darf. Es gibt Pavillons in schlichten Formen und äußerst kunstvoll. Ihr gemeinsamer Nenner ist nicht, wie simpel oder edel, wie groß oder klein, rund oder vieleckig sie gebaut sind, sondern allein der Zweck »heiligt« den Namen: Ein Pavillon dient immer nur dazu, daß man sich darin gesellig oder allein aufhalten kann. Werden Tauben darin gehalten, spricht man nur von einem Schlag. Ein rundes Glashaus, das »auch als Gewächshaus dient«, ist nur ein solches. Der lauschige Sitzplatz im Garten verdient sich seinen Namen »Pavillon« in Wirklichkeit auch nur dann, wenn er gestalterisch ein Schmuckstück darstellt. Es gibt viele Modelle vorbildlicher Baureihen, die sich aus den schon von den Lauben her bekannten Elementen zusammensetzen. In welchem Ausmaße diese Elemente selbst hergestellt oder vorgefertigt zusammengebaut werden, spielt dabei die geringere Rolle. Die Wände der Fertigelemente bestehen aus Fenster-, Tür- und Vollholzelementen, die in nahezu beliebiger Form mit sechs, acht, zehn, zwölf und 16 Ecken zusammengestellt werden. Vieleckformen lassen sich auch in Gruppen kombinieren, wenn das speziellen Zwecken dienen soll.

Typische Bauelemente

Das Material für Fußboden und Wände ist ebenfalls wie bei den Gartenhäusern Nordische Fichte oder Tanne, Polnische Stammkiefer oder

Beispiel für die Ausmaße eines Pavillons

Die Wandelemente sind 236 cm hoch und 155 cm breit.

	Sechs-eck	Acht-eck	Zehn-eck	Zwölf-eck
Gesamthöhe (cm)	370	390	430	490
Durchmesser (cm)	325	422	523	626
Grundfläche (m²)	6,80	12,5	20,10	29,40
Rauminhalt (m³)	19,30	36,50	60,90	94,10

schlichtes Bretterholz mit Nut und Feder, um die 20 mm stark; etwas mehr oder weniger spielt dabei keine Rolle.

Dasselbe gilt für den Fußboden, der auf dieselben Balken verlegt wird wie bei den Lauben. Sie sind auf Punkt- oder Flächenfundament geschraubt. In der Form richtet es sich nach der gewünschten Seitenzahl. Beim Zusammenbau kann der Belag dreieckig vorgefertigt oder am Rande schräg abgesägt werden, nachdem

er aufgenagelt wurde. Ein fester Rand um die Bodenplatte ist nur nötig, wo die Bretter nicht auf die unterliegenden Balken genagelt sind.

Einfache Dächer sind im Prinzip genauso auf Rahmen genagelt und miteinander verschraubt. Kuppelartig abgerundete Dachformen läßt man besser vom Handwerker aus verzinktem Stahl herstellen. Sie werden in der Mitte von einem Stahlkranz gehalten. Zwischen ihnen wird Massivholz mit Nut und Feder eingesetzt, eingedeckt mit passenden Schindelformen oder Massivkupfer.

Die Dachspitze ragt um so höher, je mehr Ecken der Pavillon haben soll. Die Höhe und Breite der Wandelemente bleibt innerhalb einer typischen Baureihe stets gleich. Wetterschutz bietet zum Beispiel eine Pavillonreihe mit Fensterelementen, die als Sprossenfenster vom Boden bis zum stilvollen Bogen oben gestaltet sind. Sie werden mit 4 mm starkem Glas ausgefüllt. Genauso sieht das Türelement aus, das in der Mitte geöffnet wird und an beiden Seiten an den Angeln hängt. Geschlossene

An Ort und Stelle gegossene Punktfundamente tragen die Bohlenlage für den Fußboden

Die vorgefertigten Seitenwände stehen auf der Bodenplatte fest, wenn sie untereinander verschraubt werden.

Bei polygonalen Pavillons wird das Dach meist in passenden Dreieckrahmen mit Brettern und Abdeckung versehen, bevor man sie an ihrer Position verschraubt.

Es ist geschafft. Das fertige Pavillons wartet auf die unternehmungslustigen Kinder.

Wandelemente werden nur dort eingesetzt, wo völliger Sichtschutz notwendig ist.

Den Pavillon aufstellen

Fenster-, Tür- und Wandelemente brauchen einen festen Halt an Pfosten, die an einem Fundamentanker festgeschraubt sind. Dafür genügen Punktfundamente, wenn darauf ein Holzfußboden verlegt werden soll. Fliesen oder andere Steinfußböden liegen besser auf einer Betonplatte. Fußboden und Dach können ebenso wie die Wände wärmegedämmt werden mit Isolierverglasung, Styrofoam oder Mineralfasern. An oder in den Pfosten werden die Elektrokabel für Heizelemente und Lampen verlegt. Man kann sich auch an einem Kamin wärmen, der aus massivem Steinzeug auf gefliester Tischplatte hergestellt ist. Mit wenigen Handgriffen kann daraus ein Grill entstehen, für den es eine Kaminhaube gibt.

So komplett eingerichtet, ist der Pavillon für viele gesellige und private Gelegenheiten nutzbar. Das ist wichtig, damit er nicht bloß ein gestalterisches Schaustück bleibt, das zur Verschönerung aufgestellt wurde.

Eine einfache Sechseckklaube

Eine Sechseckklaube, die beispielsweise aus 186 cm breiten Wandelementen zusammengestellt wird, hat einen diagonalen Durchmesser von 370 cm. Das bietet etwa zehn Personen ausreichenden Platz, wenn sie auf paßgenauer Eckbank im Kreise um einen Tisch von 150 cm Durchmesser sitzen. Eine maßgerecht in Sechseckklauben eingepaßte Sitzgarnitur ist 170/150 cm lang, 42/84 cm hoch und 30/50 cm breit im Fachhandel zu bekommen, mit Polster-

auflagen (kariert, geblümt oder mit Tierfiguren).

Die Boden-, Wand- und Dachelemente werden mit 20 mm starken Profilbrettern auf Rahmenhölzer von 35 × 55 mm Stärke genagelt, wie das ab Seite 39 beschrieben ist. Die Konstruktion der Fenster und Türen unterscheidet sich ebenfalls nicht von anderen Systemhäusern. Es sind nur in den meisten Fällen mehr davon vorhanden: Oft sind Pavillons rundum mit Fenstern von der halben Wandhöhe an ausgestattet; und eine Doppeltür tritt an Stelle der einfachen. Der Pavillon soll überall eine gute Aussicht in den Garten eröffnen. Das führt letzten Endes dahin, daß eine solche Laube ganz ohne Türen und Fenster nur noch aus Stützbalken und Dach hingestellt wird. Es bleibt eine Art Schirm über einer Bretterbrüstung übrig.

Als Beispiel kann eine Grundfläche von 9,3 m^2 260 cm hoch überdacht werden, von einer Schilfeindeckung aus vorgefertigten Dreiecken. Dieselben Maße gelten für weniger offenherzige Modelle mit halbverglasten Doppeltüren, 160 cm breit und 185 cm hoch, zwischen zehn Ausstellfenstern, die 85 cm breit und 100 cm hoch sind.

Der Pavillon verschwindet im grünen Laub wie unter Tarnfarbe, wenn das nackte Holz lindgrün imprägniert ist. Weit auffallender stellt sich das Gebäude in den Blickpunkt, wenn die Türen und Fensterrahmen weiß lasiert und das Holz blau gestrichen ist. Auch kräftiges Grün und Weiß auf hellem Kiesrondell hebt sich aus dem Garten heraus.

Auf die Zahl der Ecken kommt es nicht an, ob aus einer Laube ein Pavillon wird. Es gehört mehr dazu, und es gibt Grenzfälle wie zum Beispiel die Achteckklaube, die gerade eine Grundfläche von 4,5 m^2 umschließt. Jede Seitenwand ist 100 cm breit, die Diagonale ergibt sich daraus 250 cm lang; das ist zugleich die

Firsthöhe des Schilfdaches. Hier zeigt die offene Bauweise ihre wahren Vorzüge; denn die sachlichen Tragbalken lassen kein Gefühl von Enge oder Verspieltheit aufkommen. Schon gar nicht, wenn die insgesamt 6,6 m^2 überdeckenden acht Dachwinkel mit glatten Schindeln belegt sind und das Holz naturfarben imprägniert ist.

Unter vierfach abgestuften Schilfpuscheln hat der umbaute Raum von 9,9 m^3 allerdings gelinde Mühe, nicht wie ein Häuschen mit Herz in der Tür auszusehen. Vor allem dann, wenn die Brettertür 80 × 185 cm unverglast dicht ist und in den sieben übrigen Wänden nur ein Ausstellfenster von 85 × 100 cm eingelassen ist. Das Ganze noch lindgrün imprägniert, ist wahrhaftigen Wortes eine Hütte. Etwas besser wird es, wenn Türen und Fenster auf allen Seiten bis auf 100 cm herunter verglast sind. Die Tür ist in diesem Fall sogar wie beim Pferdestall unter dem Glasteil getrennt. Die Runde kann also geschlossen werden, selbst wenn das Oberteil der Tür wie alle Fenster geöffnet ist. Wird diese Bauweise auch noch frei auf einen runden Kiesplatz gestellt und weiß auf blau oder grün abgesetzt, unter die Fenster üppig blühende Blumenkästen gehängt, dann ist selbst dieser Mini-Pavillon ein stattlicher Blickfänger.

Beispiel für modernes Styling

Keine andere Klasse von Gartenhäusern ist so ungeheuer vielfältig gestaltet wie Pavillons. Es gibt moderne Systeme, die sogar zweistöckig, als freitragende Konstruktion oder Pilzmodell mit einer Mittelstütze ohne Wände gebaut werden können. Sie sind aus- und anbaufähig als Vorbau oder Wintergarten und können doch selbst montiert werden, wenn man die standardisierten Teileelemente zusammenstellt.

Auch in diesem Fall genügen Punkt- oder Grabenfundamente, in die Halterungen für die Säulen eingegossen werden. Darauf wird ebenfalls die Bodenplatte aus Sandwichpaneelen befestigt, die auf der Außenseite durch eine Spezialschicht gegen Witterungseinflüsse geschützt ist. Die Platte kann mit einer Isolierschicht gegen Fußkälte abgeschirmt sein. Wer seinen eigenen Fußboden verlegen will, bekommt alle Teile auch ohne Bodenplatte.

Für die tragenden Säulen müssen Durchlässe in die Bodenplatte gestemmt werden. Sie sind 240 cm hoch und tragen die Dachbalken. Mit vier Stahlzugstangen wird die Konstruktion statisch abgesichert. Für die Abdeckung bieten sich zahlreiche Varianten: Glas- und Kunststoffscheiben, bituminöse Schindeln, beschichtetes Stahlblech oder Kunststoff, der wie Dachziegel aussieht, aber auch ganz normale Dachpfannen.

Anstelle der Glaswände gibt es auch undurchsichtiges Material, falls Sichtschutz gebraucht wird.

Das englische Sommerhaus

Nach dem Vorbild der klassischen englischen Gartenhäuser ist eine ganze Reihe von Pavillons konstruiert worden. Sie zeigen besonders deutlich, daß es nicht auf die Zahl der Ecken ankommt. Es gibt darunter schlichte rechteckige und quadratische Grundrisse, neben sechs- und achteckigen. Sie sind teils offen wie Ranklauben mit Dach, oder überhaupt nur ein Dach auf Ständern, andere voll geschlossen, üppig verfenstert mit zweiflügeligen Türen, die noch tiefer hinunter als die Fenster mit engstehenden Sprossen bleiverglast sind. Es gibt aber auch weniger stilvolles Klarglas in den Schiebe- oder Ausstellfenstern. Die Türen gehen nach außen auf, alle Beschläge sind aus massivem Messing gefertigt. Ihr übereinstimmendes Merkmal ist, daß die tragende Konstruktion und Außenverkleidung bis hinauf zu den Dachschindeln aus Kanadischem Zedernholz gebaut sind. Das sieht gut aus und ist langfristig wetterfest (sie-

he S.17), wie viele Bauernhäuser unter extremen Wetterverhältnissen in den Alpen, vor allem der Schweiz, bewiesen haben.

Für die Innenverkleidung genügt wasserfestes Sperrholz, die Fußbodendielen und ihre untergelegten Tragbalken sind aus schlichtem, heimischem Kiefernholz (dem europäischen »Rotholz« *Pinus sylvestris*) in den handelsüblichen Maßen geschnitten.

Auf tiefreichende Fundamente kann verzichet werden, wenn eine ebene Stellfläche auf festem Kies-, Pflaster- oder Plattenbelag vorhanden ist. Die kleinen Teehäuser stehen darauf sogar ohne eine Bodenplatte. Diese offenen Pavillons haben nur auf der Rückseite entweder ein Rankgitter oder geschlossene Wandelemente aus Brettern.

Pavillon aus Blockhausbohlen

Aus Blockhausbohlen kann auch eine Art Pavillon errichtet werden, der stabil und rustikal ein Schmuckstück für jeden naturnah angelegten Garten ist. Der Grundriß eines häufig anzutreffenden Modells ist zum Beispiel sechseckig mit 156 cm langen Seitenwandbohlen, die bei 130 cm, also mit 13 cm Überstand, in die schräg gesägten Ausschnitte eingelegt werden. Fenster und Türen sind in ihren Rahmen 73 cm breit.

Die dreieckigen Dachelemente werden auf den oberen Rändern der Wandelemente und an der Spitze unter sich verschraubt. Das Dach wird mit Pappe oder Schindeln was-

Kleingewächshäuser haben sich zu solchen sonnendurchfluteten Pavillons der Classica-Linie entwickelt (*Hetterich*).

Glasreich auch dieser exklusive
Pavillon mit Rundbogendrehfenstern
und -türen (*Bellevue* von *Riwo*).

serdicht gemacht. Für feine Leute ist
ein Kupferdach zu haben, das nur der
Handwerker verlegen kann.
Auch die Bodenplatte kann in Form
dreieckiger Elemente auf die Balkenlagen genagelt werden. Fertige
Punktfundamente aus Beton werden
vorher auf den gut verdichteten
Untergrund gesetzt und soweit eingegraben, daß der Aufbau stabil und
vollkommen waagerecht dasteht. Die

Balken sollte man zur Sicherheit mit
Laschen verschrauben, die in den
Fundamentbeton eingegossen wurden. Als Schutz vor der Bodennässe
kann eine gitterverstärkte Baufolie
oder einfache Dachpappe über die
Bohlenlage gezogen werden, bevor
man die Fußbodenbretter aufnagelt.
Im Aufbau der Wandelemente unterscheidet sich der Pavillon nicht von
der Blockhütte (siehe S.44ff.).

Englische Pavillons in Beispielen

Das Teehaus mit Namen *Gazebo* ist sechseckig und zwischen vier Seiten mit einem Rankgitter aus quadratisch vernagelten Leisten nicht ganz bis oben hin verschlossen. Wo das Rankwerk unterhalb der Dachtraufe aufhört, sind rechts und links an jedem Tragpfosten gebogene Stützen angeschraubt, die ein wenig so aussehen, als wäre über die einzelnen Fächer ein Bogen gespannt. Die Balken bis zur Traufhöhe sind 187 cm hoch, die Firsthöhe des Dachs beträgt 285 cm. Die Diagonale zwischen den Pfosten ist 252 cm lang, die Breite des ganzen Baus beträgt 218 cm.

Ganz ähnlich ist das Teehaus *Belvedere* konzipiert, nur daß hier zwei der Rückwandseiten fest waagerecht verbrettert sind. Zwischen den vorderen Tragpfosten ist ein zur Mitte hin spitz hochgebogenes Stützwerk angeschraubt. Es besteht aus geschwungenen Balken, die nach Schablone aus stärkeren Brettern ausgeschnitten werden. Der Zwischenraum zu Tragbalken und Traufe wird mit waagerechten Brettern ausgefüllt. Auf diese Weise entsteht so etwas wie ein indisch anmutender Torbogen. Für dieses Modell gibt es zwei Varianten: eine sechseckige mit einer Traufe in 206 cm Höhe und 304 cm hohem First - das ergibt 253 cm Diagonale und 220 cm Breite mit 204 mm Dachüberstand; mit acht Ecken erhöht sich die Breite auf 306 cm und die Höhe auf 339 cm.

Alle anderen Sommerhäuser sind reichlich verglast. Eines davon mit Namen *Kingswood* hat ebenfalls sechs Ecken und identische Maße wie das Teehaus *Gazebo*. Nur sind hier die drei Rückwandelemente mit Brettern zugenagelt, rechts und links der Tür ist je eine Fensterseite.

Achteckig ist das Sommerhaus *Jubilee*. Hier sind aber drei Rückseitenfächer geschlossen und auf beiden Seiten der Tür je zwei Fensterelemente eingefügt. Das Ganze ist nicht breiter als das Teehaus *Belvedere* mit 306 cm bei 187 cm Traufhöhe und 320 cm hohem First.

Eine ungewöhnliche Spielart bietet das quadratische *Corner-Haus*;

Nur 252 cm Durchmesser hat dieses sechseckige Teehaus aus schlichten Rankwänden unter Holzschindeldach (*Gazebo* von *AMDEGA*).

werden kann. Die Traufhöhe beträgt auch hier 187 cm, der First ist 297 cm hoch.

Den breitesten Raum nimmt das rechteckige Sommerhaus *Gaywood* ein. Es ist 366 cm breit und 243 cm tief, wieder nur die Rückseite voll Holz, die Seiten mit Schiebefenstern, neben den Türflügeln breitere Fenster. Das Dach hat zwischen den beiden dreieckigen Elementen über den kürzeren Seitenwänden einen Giebel in genau der Türbreite, so daß eine Art Walmdach entsteht. Dasselbe gibt es auch in einer kleineren Alternative, 305 cm breit und 213 cm tief.

Ergänzend dazu gibt es für die sechs- und achteckigen, offenen Teehäuser auch geschwungene Dächer mit Schindeln im Schuppenmuster.

Ganz britisches Landhaus, stabil und breit: das Sommerhaus *Gaywood* (*AMDEGA*, oben).
Rundum Glasfensterbögen lassen dies englische Teehaus wie ein kleines Schlößchen erscheinen (*Hölscher* und *Leuschner*, rechts).

denn es hat fünf Ecken. Die kommen dadurch zustande, daß die Tür über Eck zwischen den beiden vorderen Fensterelementen so eingefügt ist, daß die Dachecke darüber frei übersteht.
Die beiden hinteren Wände von 240 cm Breite sind geschlossen, die diagonale Weite beträgt von Ecke zu Ecke 340 cm.
Das ungebrochen quadratische *Wraylands* hat nur die hintere Wand 243 cm breit voll geschlossen. Beide Seiten sind mit je einem Schiebefenster versehen, die Vorderseite neben der Tür mit je einem Fenster, so daß die vordere Haushälfte ganz geöffnet

Das grüne
Drumherum

Pavillons, Lauben und Pergolen sind erst dann vollkommen, wenn sie von Rank- und Kletterpflanzen, Kübel- und Ampelpflanzen umgeben sind. Die Pflanzen sind unentbehrlich, nicht nur weil sie schön aussehen: Sie verbessern das Kleinklima, schützen vor Wind und Regen, Lärm und Staub, Hitze, Dürre und Abgasen. Für viele Kleintiere sind sie schützender Unterschlupf, Niststätte und Nahrungsquelle. Auch der Gärtner kann dort etwas ernten, wenn er fruchttragende Gehölze ausgewählt hat. Gestalterisch schaffen erst die Kletterpflanzen schnell und beständig jene heitere, trauliche Atmosphäre, die zu einem lauschigen Sitzplatz im Freien gehört.

Die Zahl der heimischen Schling- und Kletterpflanzen ist verblüffend gering. Im neuen Handbuch des Bundes deutscher Baumschulen sind 650 Arten und Sorten von Laubgehölzen beschrieben, aber nur 19 davon klettern selbst oder angebunden in die Höhe. Allerdings fehlen in der kleinen Gruppe etliche Rankgehölze, die zu den Obstarten gehören, sowie das gesamte Spalierobst.

Klettergehölze

Akebie

Die Triebe der Klettergurken *Akebia quinata* und *A. trifoliata* winden links herum an Drähten oder Netzen 5 bis 8 m hoch. Wo die Winter mild sind, bleiben sie wintergrün und blühen im Mai zwei bis drei Wochen lang. Die weiblichen Blüten sind violettbraun, die männlichen rosa gefärbt. Von Juni bis Oktober entstehen auffallend hell-

violett bereifte Früchte, die bei Vollreife nach drei Seiten aufplatzen und vollreif eßbar sind.

Akebien gedeihen gut an warmen Plätzen, in voller Sonne und normalen Gartenböden, wo sie bei starken Frösten geschützt werden sollten. Rückschnitt vertragen nur junge Pflanzen.

Baumwürger

Vollkommen anspruchslos an Klima und Boden schlingen sich die Baumwürger *Celastrus orbiculatus* (8 bis 10 m hoch) und *C. scandens* (5 bis 7 m hoch) an Kletterhilfen, Spalieren, Drähten oder Pfosten in die Höhe. Die Pflanzen gedeihen in Sonne oder Halbschatten, und ihre flachen Wurzeln reichen weit und treiben viele Ausläufer. Aus den unauffälligen Blüten im Juni reift der Fruchtschmuck

Der Baumwürger heißt schlimmer, als er ist: Er würgt keine Bäume, sondern schlingt sich nur locker daran hoch.

allerdings nur, wo neben weiblichen Pflanzen eine männliche steht. Ab Oktober umgibt die knallroten Samen ein gelber Samenmantel; diese Früchte sind ein prachtvoller Schmuck und leckeres Vogelfutter.

Brombeere

Neben den Obstsorten gibt es reine Zierbrombeeren der Art *Rubus henryi*, die Rankwände und Spaliere in schattigen Lagen 3 bis 4 m hoch zuwachsen. Zwischen dem immergrünen, tief gelappten, unterseits weißfilzigen Laub öffnen sich bei uns leider nur selten im Juni end- und achselständige Blüten in Trauben, aus denen von August an glänzend schwarze Beeren reifen.

Auch die Obstsorten wie 'Theodor Reimers', 'Black Satin' und Artbastarde wie 'Sunberry' haben hohen Schmuckwert. Sie bevorzugen warme Lagen und leicht sauren Humus, der feucht und nicht zu sandig (trotz des Namens »Sandbrombeere«), eher mittelschwer sein sollte.

Efeu

Mit seinen Haftwurzeln klettert der Efeu an Wänden und Pergolen 20 bis 30 m hoch, ohne alle Ansprüche, selbst im tiefen Schatten, rauchhart und stadtfest aus jedem Boden. Aus den tiefdunkelgrünen Grundformen dieses unverwüstlichen, immergrünen Kletterstrauches sind zahllose Spielarten hervorgegangen: es gibt buntblättrige sowie weiße, rötlichweiße, gelblich gesäumte Blätter; an der Sorte 'Chrysophylla' finden sich zugleich gelbe, grüne, gelb- und grüngesprenkelte Blätter auf einer Pflanze. Tiefrot ist die Herbstfärbung von 'Minima' und bronzefarben mit grünen Flecken bei 'Purpurea'. Noch vielfältiger sind die Wuchs- und Blattformen des Efeustrauchs, unterschieden in Jugend- und Altersformen. Blüten bilden sich erst spät im Jahr

Der Efeu begrünt auch schattige Lagen.

und bei älteren Pflanzen. Sie sind unscheinbar gelblichgrün in kugeligen Dolden, aber unglaublich umschwärmt von Bienen und zahllosen anderen Insektenarten. Sie duften und bringen im Jahr darauf dichte Büschel kugelig schwarzer Früchte. Jungpflanzen lassen sich leicht aus abgeschnittenen Trieben gewinnen, die auf ganzer Länge Wurzeln bilden können.

Geißblatt

»Jelängerjelieber« nennt man eine kletternde Heckenkirsche der Gattung *Lonicera* mit Recht; denn ihre mittelstark windenden, oft drehwüchsigen Triebe wachsen in Sonne oder Halbschatten 3 bis 6 m hoch an Drähten und Spalieren. Ihre duftenden Blüten erscheinen je nach Art von Mai bis September in Quirlen an den

Das Geißblatt ist ein atemberaubender Schmuck von den ersten Blüten im Mai bis zu den köstlichen Früchten im Winter.

Triebspitzen. Je nach Art und Sorte sind sie unterschiedlich gefärbt. Von Juli bis November halten sich die roten oder schwarzen Kugelbeeren. *L. henryi* ist als einzige Art immergrün und trägt ab Juni größere Blüten, bis 8 cm breit, gelb und rot an 4 m langen Trieben, die schwächer winden, auch herabhängen und den Boden begrünen.

Bei der neuesten Sichtung kletternder Arten sind die folgenden Züchtungen mit der Höchstnote (***) bewertet worden: *L. x brownii* 'Dropmore Scarlet' (orangerot blühend), *L. x heckrottii* 'Goldflame' (gelbrote Blüte), *L. periclymenum* (das Waldgeißblatt) 'Serotina' (gelbrot).

Glyzine

Als Blauregen ist *Wisteria sinensis* allgemein bekannt, weil ihre herabhängenden Blütentrauben bis einen halben Meter lang werden. Die linkswindende Schlingpflanze wächst bis 15 m hoch und ist im Mai und Juni nicht mehr zu sehen unter der sehr stark und angenehm duftenden hell- oder kobaltblauen, violetten, neuerdings auch weißen Blütenfülle am mehrjährigen Holz in Sonne bis Halbschatten. Mit so reichem Blütenansatz ist aber nur zu rechnen, wenn die jährlichen Neutriebe im August auf ein Drittel ihrer Länge zurückgeschnitten werden. Werden die Knospen ungeöffnet abgeworfen, war es zu trocken.

Hortensie

Unter den zahlreichen Hortensien gibt es die kletternde Art *Hydrangea petiolaris*, die äußerst kraftvoll und dicht bis 10 m hoch wächst. Die flachen, weißen Blütendolden sind bis 25 cm breit und erscheinen im Juni

Wie eine grandiose Theaterdekoration hängen die fast meterlangen Blütentrauben des Blauregens über der Kaffeetafel.

und Juli am mehrjährigen Holz. Das glänzend dunkelgrüne, herzförmige Laub überdauert in milden Lagen den Winter. Die Kletterhortensie gedeiht in allen Gartenböden, ob sauer oder neutral, in Halbschatten und vollem Schatten, am besten in Gegenden mit hoher Luftfeuchtigkeit und wenig Wind.

Jasmin

Von Februar bis April blüht der echte Winterjasmin (*Jasminum nudiflorum*, nicht zu verwechseln mit dem sommerblühenden *Philadelphus*, den man oft als Jasmin bezeichnet), ein Spreizklimmer, der aufgebunden höher als 3 m wird. In geschützten, sonnigen bis halbschattigen Lagen, auf durchlässigen, kalkhaltigen Böden stellt er keine weiteren Ansprüche.

Knöterich

Der robuste Schlinger (*Fallopia* syn. *Polygonum aubertii*) wächst an Draht oder Gitter in kürzester Zeit bis 15 m hoch und so dicht, daß er wie eine Hecke geschnitten werden kann. Die bis zu 40 cm langen Blütenrispen erscheinen von Juli bis September häufig so zahlreich, daß kaum noch etwas vom Laub zu sehen ist. Ansprüche stellen die Pflanzen nicht, sie gedeihen auf allen sonnigen bis halbschattigen Plätzen.

Pfeifenwinde

Die links herum windende, großblättrige *Aristolochia macrophylla* erreicht Höhen von bis zu 10 m. Ihre Blüten (von Mai bis Juli) gleichen kleinen Tabakspfeifen (daher der Name), sind jedoch nicht weiter auffällig, gelbgrün, innen purpurbraun gefärbt.

Bis zehn Meter hoch werden die dichten Blätterwände der Pfeifenwinde, so daß man die unscheinbaren Blüten gar nicht vermißt.

Der eigentliche Schmuck sind die dunkelgrünen, bis 30 cm langen, herzförmigen Blätter, die sich dachziegelartig überlappen. Sie werden gelb und fallen ab, wo der Standort allzu sonnig und trocken ist. Pfeifenwinden bevorzugen ausreichend feuchten, nahrhaften Lehmboden für ihre weitreichenden, fleischigen Wurzeln. Wenn es im Frühjahr nicht genug regnet, muß kräftig gewässert und regelmäßig gedüngt werden.

Rose

Die Kletterrosen werden in einmal- und öfterblühende Sorten unterteilt. Moderne Kletterrosen sind im Gegensatz zu vielen alten Sorten robust und gut winterhart. Besonders dem Rosenzüchter Kordes gelangen widerstandsfähige Züchtungen, die rosa, rot, weiß und gelb von Juni bis Oktober durchgehend an den Grundtrieben über 3 m lang blühen.
Eine Sortengruppe ist aus langtriebigen Mutationen von normal wachsenden Edelrosen hervorgegangen. Sie ist daran zu erkennen, daß im Sortennamen das Wort *Climbing* oder *Climber* (= kletternd oder

Kletterer) enthalten ist. Die andere Gruppe ist aus verschiedenen Wildarten entstanden.
Kletterrosen blühen an kurzen Seitentrieben. Die langen, einjährigen Triebe blühen erst ab dem nächsten Jahr, wenn sich Seitentriebe an ihnen gebildet haben. Die einjährigen Triebe werden nicht beschnitten. Kurze Seitentriebe schneidet man auf drei bis vier Augen zurück. Überalterte Triebe, die nicht mehr gut blühen, werden möglichst tief an der Basis herausgenommen. An Pfosten, Säulen, Pfählen, Rosenbögen läßt man die langen, einjährigen Triebe und auch starke Seitentriebe nicht senkrecht hochgehen, sondern bindet sie spiralig herum, damit der Saft langsamer fließt, sich staut und Seitenknospen fördert. An Spalieren und Rankgerüsten befestigt man die Triebe waagerecht oder bogenförmig, um den Austrieb von Seitentrieben und Blütenknospen zu fördern.
In Ansprüchen und Pflege sind die Kletterrosen ähnlich anspruchslos wie Strauchrosen. Als besonders frosthart sind aus den ADR-Prüfungen (**A**lldeutsche **R**osen-Neuheitenprüfung, auch **A**nerkannte **D**eutsche **R**ose) nur wenige Sorten hervorgegangen: 'Flammentanz', 'Goldener Olymp', 'Ilse 'Krohn Superior', 'Rosarium Uetersen'.
Alle andere Prüfungsaufgaben erfüllten jahrelang ohne jedes Pilzmittel folgende Sorten, die sich ADR-Rose nennen dürfen:
'Compassion' (1976), bis zu 2,50 m hoch, silbrigrosa, dicht gefüllt, am stärksten duftend, blüht bis zum Herbst und verblüht wirkungsvoll hellrosa.
'Flammentanz' (1952), eine verbesserte 'Paul`s Scarlet Climber', blüht sehr reich, aber nur einmal in

Kletterrosen müssen fachgerecht geschnitten werden, wenn sie reiche Dauerblüte bringen sollen.

Büscheln bis zu 15 an 3 bis 5 m langen Trieben, dunkelrot, halbgefüllt; verblaut leicht im Verblühen.
'Gruß an Heidelberg' (1960) ist eine der besten Sorten, die bis zum Spätherbst durchblüht, bis 3 m hoch, leuchtend rot und stark duftend. Nur in ungünstigen Jahren kann sie unter Mehltau leiden.
'Morning Jewel' (1975), wächst an günstigen Standorten über 3 m hinaus, blüht öfter und reich karminrot in edler Blütenform bis 12 cm Durchmesser, stark duftend.
'Rosenresli' (1984) erreicht im Schnitt nur etwa 2 m, das aber starkwüchsig und nachtreibend mit großen, locker gefüllten Blüten, die intensiv lachsgetönt karminrot aufblühen und voll erblüht hell-lachsrosa stark duften.
'Sympathie' (1966), blüht früh, reich und lange tief scharlachrot, samtig glänzend und im Verblühen wenig aufgehellt an starken, dichten, leicht gebogenen Trieben, bis 4 m lang und beinahe ebenso breit.

Es muß nicht immer ADR sein. Im Sortiment des BdB sind mit dem stärksten Wuchs ausgezeichnet: 'Blaze Superior', 'Goldfassade', 'Maria Lisa', 'New Dawn', 'Paul`s Scarlet Climber' und 'Rosanna'.

Spindelstrauch

Mit Haftwurzeln klettert *Euonymus fortunei* var. *radicans*, eine immergrüne und winterharte Spielart aus der formenreichen Gruppe der Spindelsträucher, an Wänden bis 6 m hoch. Er ist ein langsam wachsender (gerade mal 10 cm im Jahr), unscheinbar blühender Schattenstrauch, der in humosen Böden gedeiht, wenn sie ausreichend feucht sind.

Trompetenblume

In voller Sonne, vor warmen, windgeschützten Wänden klettert *Campsis radicans* mit Haftwurzeln bis 10 m hoch, ohne eine Kletterhilfe zu benöti-

Ein Hauch vom Mittelmeer breitet sich aus, wenn die Blütendolden der Trompetenblume erscheinen.

gen. Die gegenständigen, unpaarig gefiederten Blätter sind hellgrün, bis 25 cm lang. Die glockenförmigen, orangeroten Blüten sind 7 cm lang und erscheinen im Spätsommer in Rispen am Ende der einjährigen Triebe.

Waldrebe

Die großblumigen *Clematis*-Hybriden quellen über von den schönsten Blüten aller Klettergehölze. Sie sind nicht so wüchsig wie die kleinblumigen Wildarten, aber ihre Blüten werden im Durchmesser bis 15 cm groß. Sie stehen meist zu dritt an langen Stielen und leuchten in vielen Farben: tiefdunkelblau, purpurviolett, strahlend weinrot, rosa mit roten Streifen und reinweiß.
Die größten Blüten erscheinen auf den kleinsten *Lanuginosa*-Hybriden, die nur 2 m hoch werden. Die Vorjahrestriebe werden im Frühjahr auf

60 cm zurückgeschnitten. Dasselbe geschieht bei *Jackmannii*- und *Viticella*-Sorten, die doppelt so hoch werden. Dazwischen liegen die *Patens*-Züchtungen, die am frühesten, nämlich ab Mai endständig an vorjährigen Seitenzweigen blühen. Es werden deshalb nur die herausgewachsenen Triebe nach der Blüte gestutzt. Die botanisch reinen Wildarten sind weitaus widerstandsfähiger, ihre Blüten sind kleiner, aber ungleich zahlreicher, in leuchtenden Büscheln oder Rispen in Bergen wohlriechender, weißer, blauer, violetter, roter oder gelber Blüten. In den gemäßigten Zonen Europas verdienen die Wildformen mehr Beachtung. Sie halten sich mit ihren Blattstielen an Drähten oder Stäben fest. Wenn ihre Wurzeln in tiefgründigen, nicht zu schweren Böden stehen, gedeihen sie in Sonne wie Halbschatten gleich gut; es muß nur feucht und kühl im Wurzelbereich sein.

Wilder Wein

Die Jungfernrebe *Parthenocissus quinquefolia* ist hierzulande neben dem Efeu sicher das am weitesten verbreitete Klettergehölz. Sie klettert mit Haftscheiben ohne Hilfe bis 15 m hoch. Ihre Blätter treiben rötlich aus, werden später oberseits dunkel-, unterseits blaugrün. Am spektakulärsten jedoch ist die leuchtendgelbe und scharlachrote Herbstfärbung. Dieser fünfblättrige Wilde Wein ist eine formenreiche Art. Besonders beliebt sind wetter- und industriefeste Spielarten wie 'Engelmannii', die sich durch dünnere Zweige und kleinere Blätter von der Art unterscheidet. Ihr Laub färbt sich im Herbst dunkelbraun-purpurn. Oder die Variante 'Murorum' mit dickeren, steifen Trie-

deihen in normalen Gartenböden, in Sonne wie Halbschatten, wenn der Wurzelraum (z. B. unter einem überstehenden Dach) nicht zu trocken wird.

Einjährige Kletterpflanzen

Es gibt einjährige Schlingpflanzen, die in einem einzigen Sommer überwältigend hoch und dicht wachsen, reich blühen und zum Teil sogar Riesenfrüchte bringen wie die Herkuleskeule. Allerdings brauchen die schnellen Kletterer einen sehr guten, nahrhaften Boden, um diese Leistungen zu vollbringen.

Glockenrebe

In ihrer mexikanischen Heimat wächst *Cobaea scandens* mit verholzenden Stengeln bis 10 m hoch. Hier erreicht sie einjährig gezogen immerhin 3 bis 6 m. Erst nach Mitte Mai pflanzt man die ab März in Töpfen vorgezogenen Jungpflanzen nach draußen. Während sie wachsen, wird reichlich gegossen und gedüngt. Die Triebe haben zwei- bis dreipaarig gefiederte Blätter, die jung meist rötlich gefärbt sind. Von Juli bis in den Oktober schmücken sie sich mit vielen, 7 cm großen Blütenglocken, die an 15 bis 25 cm langen Stielen zwischen zwei Laubblättern erscheinen. Die Blüten sind zuerst weißlichgrün gefärbt, später bläulichviolett.

Helmbohne

An warmen, geschützten Rankwänden wächst *Dolichos lablab*, ein auch als Faselbohne bekannter Schmetterlingsblütler, bis 3 m hoch. Die schönen, dunkelroten, weißen, rotgelben und violetten Blüten öffnen sich in lockeren Trauben von August bis zum ersten Frost. Die Helmbohne steht

Die Herbstfärbung ist nicht das einzige, was der Wilde Wein zu bieten hat.

ben und größeren Blättern, die sich im Herbst leuchtendrot färben. Die fernöstliche *P. tricuspidata* wird bis 12 m hoch, mit verschieden großen, ungeteilten Blättern, die im Herbst orangefarben bis flammend scharlachrot leuchten. Die Auslese 'Aurata' schmückt sich an geschützten Standorten mit goldgelbem Austrieb und Blättern, die oft marmoriert und blutrot umrandet sind. Widerstandsfähiger ist 'Veitchii' mit bronzefarbenem Austrieb und früher Herbstfärbung in Orange und Scharlach. 'Gloire de Boskoop' trägt schon während des ganzen Sommers schön braunrot gefärbtes Laub. Alle Formen des Wilden Weins ge-

gerne in voller Sonne, wenn der Boden vor der Südwand nahrhaft und feucht ist.

Hopfen

Als Lieferant von Bierwürze wächst *Humulus lupulus* mehrjährig, ist also botanisch gesehen eine Staude, die allerdings kaum als Zierpflanze anzutreffen ist. Die Sommerblumenzüchter bieten ausschließlich den einjährigen Japanischen Hopfen *H. scandens* an, der 4 bis 6 m hoch schlingt. Dafür genügt ein Draht oder starker Bindfaden im Schatten oder Halbschatten. Vorkultur im Haus beschleunigt das Wachstum, muß aber nicht sein. Im Garten braucht man nicht einmal mehr auszusäen: Wo dieser Japaner

einmal Fuß gefaßt hat, kommt er jedes Frühjahr von alleine wieder. Hübsche, unregelmäßig weiß und hellgrün gescheckte Blätter schmücken die Sorte 'Variegatus'. Damit sich ihr Laub kräftig ausfärbt, muß dieser Hopfen in der Sonne stehen. Ist der Boden zu feucht und nährstoffreich, vergrünen die Blätter.

Kapuzinerkresse

Mit ihren bis zu 4 m langen, reich verzweigten Trieben bedeckt *Tropaeolum majus* ebenso den Boden wie Spaliere, Mauern, Wände und Pergolen, die mit Maschendraht bezogen sind. Da sie frostempfindlich sind, werden die vorgezogenen Jungpflanzen erst nach den Eisheiligen Mitte Mai an einen sonnigen bis halbschattigen, windgeschützten Standort in 20 cm Abstand ausgepflanzt. Sie umgeben den lauschigen Sitzplatz von Juni bis Oktober mit zartem, süßem Duft aus einer Fülle vielfarbiger Blüten. Um alle Farben genießen zu können, wählt man eine 'Rankende Mischung' oder die halbgefüllten 'Doppelten Glanz-Hybriden'. Kapuzinerkresse ist für die Küche nützlich, Blätter und Blüten sind als Salat wohlschmeckend und gesund, die Knospen als Kapernersatz zu gebrauchen.

Maurandie

Weniger verbreitet ist bei uns *Asarina barclaiana*, die 3 m hoch an Draht oder Schnur klettert. In ihrer mexikanischen Heimat wachsen einige Arten als Stauden oder Gehölze; bei uns brauchen sie warme Aussaat hinter Glas in Töpfen und werden erst Ende Mai an eine warme, trotzdem feuchte

Unter den einjährigen Kletterpflanzen klettert der Japanhopfen am schnellsten an Schnüren oder Stangen hoch.

Die Kapuzinerkresse ist nich nur blattschön und blütenprächtig, sondern auch eine höchst nützliche Pflanze.

Stelle in humose, nahrhafte Erde ausgepflanzt.
Von Juni bis zum ersten Frost hängen aus den Blattachseln glockenförmige Blüten in violetten bis blauen Farbtönen.

Prunkwinde

Ipomoea tricolor, eine der vielen südamerikanischen Windenarten, trägt bis 3 m hoch an Stäben oder Schnüren von Juli bis Oktober glanzvolle, weiße, rote, blaue und zweifarbige Riesenblüten. Ihre Besonderheit ist, daß sie morgens aufgehen, wenn es hell wird, aber schon am späten Vormittag wieder dahinwelken. Das mindert indes nicht ihre Schönheit; denn sie bringen pausenlos und haufenweise neue Blütenknospen hervor,

reine Art blühte ursprünglich orangefarben, in den heutigen Mischungen,
wie in den 'Tresco'-Hybriden, sind
gelbe, karmesin- und purpurrosa
Töne enthalten.

Schönranken werden ab Februar bei
18 °C ausgesät, in Töpfe pikiert, bei
12 bis 15 °C bis Ende Mai unter Glas
herangezogen. Sie brauchen nahrhafte Erde in voller Sonne an einem
warmen Gartenplatz.

Schwarzäugige Susanne

An dünnen Rankhilfen bis 1,50 m
hoch oder herabhängend aus Ampeln
ist *Thunbergia alata* vor allem auf dem
Balkon sehr beliebt. Sie eignet sich
ebenso für sonnig-warme Stellen im
Freiland, wenn sie im Februar bei
18 °C im Haus ausgesät und bei 10
bis 16 °C zwei Monate lang in Töpfen
mit normaler Blumenerde weiterkul-
tiviert wird. Die leuchtend gelben
oder orangefarbenen Blüten mit dem
schwarzen Fleck in der Mitte erscheinen von Juni bis September.

Sternwinde

Quamoclit lobata stammt aus dem
Süden Mexikos, wie der Name
andeutet, und erwartet auch bei uns
einen warmen Platz in voller Sonne
und Vorkultur unter Glas bis Ende
Mai. Wo sie das vorfindet, kann sie
bis 6 m hoch werden und von Juli bis
zum Frost blühen. Die Blütenknospen
sind scharlachrot, blühen orangefarben auf und verblühen gelb, sie
stehen einseitswendig an gegabelten
Rispen, die bis zu 40 cm lang sind.

Wicke

Die wohlriechende Wicke *Lathyrus
odoratus* kennt fast jeder. Jährlich
kommen neue Sorten hinzu. Verbreitet sind vor allem die beliebten
Cuthbertson-Züchtungen wie 'Daisy'
in Weiß, 'Jimmy' tief scharlachrot,
'Marion' rahmgelb, 'Robert' mittelblau

wenn der Sommer warm, der Boden
humus- und nährstoffreich ist. Es gibt
zahlreiche Zuchtformen, wie die
besonders frühe, sehr großblumige
'Glamour'-Mischung in neuen Pastell-
tönen aus vielen Farben.

Ebenso ist eine andere Windenart,
I. purpurea, fast ausschließlich als
Mischung zu haben, in den üblichen
Farben Blau, Rosa, Rot, Violett und
Weiß. Eine buntlaubige Mischung mit
bis zu 8 cm großen Blüten bietet die
Kaiserwinde, *I. imperialis*.

Schönranke

Zu den schönsten Kletterpflanzen
gehört die 3 m hoch kletternde
Eccremocarpus scaber mit großen
Blütenrispen von Juli bis Oktober. Die

Die Prunkwinden begrünen mit ihren dachziegelartig übereinander liegenden Blättern
bis zu fünf Meter hohe Sichtschutzwände.

und 'Ruth' frischrosa. Die Beste für frühe Blüte ist 'Royal' mit langen, starken Stengeln und großen Blüten in Lachsrosa, Kirschrot, Lavendel und Scharlach. Sie alle bilden luftige, duftende Wände, wirken zart, sind aber widerstandsfähig und bescheiden. Sie lieben offene, sonnige Lagen und guten Boden, der wasserdurchlässig ist, aber nie trocken wird. An Fäden und Gittern klettern sie bis 1,50 m hoch, blühen üppig und anhaltend bis zum Herbst.

Zierkürbis

Die *Cucurbita*-Arten stehen an der Grenze zum Gemüse; denn manche von ihnen sind jung genießbar, andere werden nur zur Zierde angebaut und sind mit ihren Blüten und Früchten ebenso schön wie Sommerblumen. Sie alle entwickeln mit fabelhaf-

Zierkürbisse steigen in einem Jahr bis zu acht Metern hoch.

ter Eile undurchdringlich grüne Wände aus Ranken und Laub an Pergolen und Lauben, wo sie Rankhilfen aus Draht und Schnur finden. Die reinen Zierkürbisse sind nicht eßbar, aber malerisch geformt und gefärbt wie der Warzen-, Apfel- und Birnenkürbis, Apfelsinen-, Zitrull-, Eier und Schildkürbis. Trocken und luftig aufbewahrt, bleiben sie viele Monate unverändert.

Ausgesät werden sie in Töpfe oder nach den Eisheiligen an Ort und Stelle in humosen, nährstoffreichen Boden, der ausreichend feucht, aber durchlässig sein sollte. Pralle Mittagssonne ist nicht nötig, aber sie brauchen ausreichend Platz und müssen abgestützt werden, falls die Früchte zu schwer werden.

Obst an Klettergerüsten

Außer den »richtigen« Kletterpflanzen, wie Wein und Kiwi, kann
man Rankwände und Lauben auch mit
anderen Früchten schmücken. Die
Spalierobstbäume kennt wohl jeder,
aber auch Erdbeeren gibt es in klet-
ternden Formen.

Spalierobst

An Rankgerüsten kann man schwach-
wachsende Sorten der verschiedenen
Baumobstarten heranziehen. Die
Gehölze müssen durch strengen
Formschnitt so erzogen werden, daß
sich an den Leitästen rundherum kur-
zes Fruchtholz ausbildet. Waagerecht
gestellte Seitenäste erhöhen die
Fruchtbarkeit. Daneben gibt es die
klassischen Spalierformen: schräg als
Schnurbaum, U-förmig als Palmetten
oder Verrier-Palmetten. Freie Spaliere werden formlos, aber gleichmäßig
über das Rankgerüst verteilt, nachdem die Stammverlängerung heraus-
geschnitten wurde.
An der Südwand erzieht man auf
diese Weise Birnen, Pfirsiche, Weinreben; an der Ost- und Westwand
Äpfel, Aprikosen, Pflaumen, Früh-
birnen und Schattenmorellen.

Erdbeeren

Spaliererdbeeren gehören seit eini-
ger Zeit mit »immertragenden« Sorten zum Kletterobst. Die Bezeichnung

Rechts oben: Monatserdbeeren gedeihen
hervorragend in Ampeln.

Rechts: Spalierbirnen übertreffen normal auf
Bäumen gezogene Früchte.

Links: Kletterpflanzen gedeihen auch
prächtig vereint, wie hier die Glockenrebe
in der Mitte, umarmt von der
Schwarzäugigen Susanne.

ist nicht ganz zutreffend, denn in der Praxis gibt es eine kleine Frühernte, und nach einer Pause setzt ab Juli eine längere Tragezeit bis Oktober oder zum ersten Frost ein. Der Wuchs ist schwächer als bei den einmaltragenden Sorten, die Früchte sind kleiner, das Erntegewicht geringer. Im Freiland wachsen Sorten wie 'Mount Everest' bis 2 m hoch, wenn sie angebunden werden. An den langen Ausläufern erscheinen fortlaufend von Juni bis Oktober Blüten neben den reifenden Früchten. Für Kübel und Kästen ist eine Klettererdbeere wie 'Hummi' geeignet, eine wüchsige Sorte, die aufgebunden werden muß. Bis in 1,50 m Höhe entwickeln sich zahlreiche Rosetten, die im Hochsommer blühen und fruchten. Große, aromatische Früchte entstehen bis zum ersten Frost. Es sind keine echten Kletterpflanzen, sondern Stauden mit Ausläufern, an denen im flachen Wuchs die Jungpflanzen für das nächste Jahr gebildet werden.

Kiwi

Die drei Kiwi-Arten *Actinidia arguta*, *A. chinensis* und *A. kolomikta* brauchen im Sommer einen geschützten, warmen Platz an einer Kletterhilfe. Hier werden sie 3 bis 8 m hoch, blühen unscheinbar weiß, fruchten aber nur, wenn eine männliche Pflanze zu den weiblichen gestellt wird. Die Blätter sind glänzend dunkelgrün. Bei *A. kolomikta* sind sie eher stumpfgrün, und an den männlichen Pflanzen verfärben sie sich, an der Spitze beginnend, weißlich, später rosa, und werden deshalb als reines Ziergehölz bevorzugt. Allerdings schlingen die Triebe nicht ganz so hoch und dicht. Im Versuchsbetrieb der Technischen Universität München ist es gelungen, neue Kiwis zu züchten. Die wetter-

Frostharte Kiwi-Arten sind vitaminreicher als Tropenfrüchte.

Weinklima ist an jeder Südwand.

festen und frostharten »bayerischen Kiwis« namens 'Weiki' sind nicht viel größer als Pflaumen, dafür aber wohlschmeckender und vitaminreicher als die fernöstlichen Tropenfrüchte, die sich im Supermarkt so schnell durchgesetzt haben.

Weinrebe

Die weintragende Rebe *Vitis vinifera* ist keineswegs auf Flußtäler mit Weinbauklima angewiesen. An der südlichen Hauswand in Schleswig-Holstein und der Mark Brandenburg, im Voralpenland bis 600 m Höhe, im Kanton Wallis auf doppelter Höhe sind schon Weine von hohen Oechsle-Graden herangereift. Und wenn es in naßkalten Sommern mal nicht dazu

Kletterndes Gemüse

Es gibt doppelten Grund, Frucht-
gemüse an Rankgerüsten zu kulti-
vieren: Sie sehen häufig überaus
dekorativ aus und bereichern außerdem den sommerlichen Speiseplan.
Das gilt für Hülsenfrüchte ebenso
wie für Nachtschattengewächse und
Kürbisse.

Erbse

Aus den früher durchweg rankenden
Mark-, Schal- und Zuckererbsen sind
neue Sorten immer kürzer und standfester gezüchtet worden. Aber es gibt
sie noch, die hochwachsenden Rei-
sererbsen, wie die robuste Sorte
'Schnabel', bis 140 cm hoch, mit späten, aber großen Hülsen, oder die
ebenso hohen 'Schweizer Riesen',
mit riesigen Hülsen in großer Fülle,
die trotzdem sehr zart schmecken.
Grünpflückerbsen gehören zu den
schmackhaftesten Gemüsearten, die

reicht, ist die Weinrebe doch immer
noch eins der schönsten Rankge-
wächse unserer Heimat.
Erfriert eine empfindliche Edelsorte
bei minus 20 °C, dann treibt der Wur-
zelstock besonders lebhaft wieder
aus.
Neben den Keltertrauben gibt es
Wilde Rebarten, wie *V. amurensis*,
V. coignetiae, *V. labrusca*, die Fuchs-
rebe, Sand-, Sommer- und Winterre-
ben, die frosthart und starkwüchsig
bis 10 m hoch klettern. Sie können
durchaus eßbare Beeren tragen,
wenn sie in normalen, tiefgründigen
Böden und Sonne bis Halbschatten
stehen.

Feuerbohnen sind schmackhafter
und robuster als normale Stangenbohnen.

Salatgurken hängen besser an rankenden Trieben.

hochzuleiten. Sie tragen deutlich höhere Erntemengen, wenn frühzeitig und behutsam ein- oder zweimal in der Woche geerntet wird, ohne die Ranken zu bewegen oder gar darauf herumzutreten. Die Früchte sollen außerdem nicht zu schwer werden. Es handelt sich um eine der anspruchsvollsten Gemüsearten, die nur in leichten, humosen Böden mit gutem Luft- und Wassergehalt schmackhafte Früchte bringen. Weil sie erst ab 12 °C Bodenwärme keimen und nicht unter 10 °C weiterwachsen, werden die Jungpflanzen unter Glas in Jiffy-Pots vorgezogen und nach sechs bis sieben Wochen im Mai ausgepflanzt. Am Rankgitter wird vorher ein spatenbreiter Graben 40 cm tief ausgehoben und mit gut verrottetem Kompost aufgefüllt. In den etliche Wochen vorher angelegten Pflanzstreifen wird alle 30 cm ein Töpfchen gesetzt. Sogar als Ampelpflanzen hängen sie aus Kübeln mit großen, schönen Blüten und Blättern wie Zierpflanzen herab.

Kürbis

Wie Gurken werden auch die Riesen- und Gartenkürbisse im Haus vorgezogen und nach den Eisheiligen ausgepflanzt. Gedüngt wird frühestens, wenn die Blätter anfangen, blaß zu werden. Wo der Wandbehang zu dicht wird, kann man die unfruchtbaren Seitentriebe herausschneiden und die drei fruchttragenden Blätter über der obersten Blüte kappen. Kultiviert werden Speisekürbisse wie die Zierkürbisse (siehe S.66).
Eine Fülle vielfältigster Spielarten sind schmackhaft und gesund: Die Herkuleskeulen werden wie Zucchini zubereitet, solange sie noch nicht ausgewachsen sind. Melonenkürbisse wie die F_1-Hybride 'Table Queen'

roh verzehrt werden können. Es ist also ideal, wenn sie direkt am Sitzplatz angebaut werden.

Feuerbohne

Schon der Name Prunkbohne zeigt, wie überzeugend sich bei dieser selbständigen Bohnenart Schmuckwert und Küchennutzen vereinen. Sie blühen keineswegs alle nur rot, es gibt auch weißblühende Sorten wie 'Desirée' mit fleischigen Hülsen, bis zu 25 cm lang, und 'Mergoles', bis zu 35 cm lang und fadenlos. Alle Zuchtformen sind durchweg robuster als andere Stangenbohnen, unterschei-

den sich nicht in Anzucht und Pflege, Gehalt, Geschmack und Zubereitung. Die Erde sollte locker und humos, leicht bis mittelschwer, tiefgründig und neutral sein. Die ersten Hülsen sind nach sechs Wochen erntereif. Man sollte sie pflücken, bevor die Kerne unter der Schale fühlbar werden.

Gurke

Es gibt keinen Grund, diese rankende Gemüseart im Freiland auf dem Boden herumliegen zu lassen. Im Gegenteil, es bietet nur Nachteile. Zweckmäßiger ist es, sie wie im Gewächshaus an Maschendraht (auch unter dem Namen »Squash«) und Kürbismelonen duften und schmecken köstlich. Ölkürbis bietet schalenlose Kerne, die Heilwirkung haben. Rondinis hängen voll melonenähnlicher Früchte. Robuste Sorten wie 'Tondo di Nizza' gedeihen an jedem sonnigen Rankgerüst. Spaghettikürbisse enthalten im hohlen Innenraum ein Fadengewirr, das an Fadennudeln erinnert und so zubereitet wird.

Melone

Die Früchte der Zucker- und Gartenmelonen (*Cucumis melo*) sehen zwar kleinen Kürbisarten ähnlich, botanisch gehören sie jedoch zur Gattung der Gurken. Sie werden auch ebenso behandelt.

Honig- oder Ananasmelonen gehören zu den glatthäutigen Zuckermelonen. Ihre gelbe Schale über dem weißen, gelben, lindgrünen oder rötlichen Fruchtfleisch ist wenig gerippt. Die kleinsten 'Charantaise'-Sorten mit aprikosenfarbenem Fleisch unter heller Schale sind zugleich die Feinsten aller.

Netzmelonen überzieht ein korkähnliches Netz. Sie sind im Garten mit einigen sehr hoch bewerteten Sorten am häufigsten zu finden. Zu ihnen gehört 'Amur'.

Hochwertige Zuckermelonen heißen auch Kantalupe. Ihre rauhe Schale ist vereinzelt mit Warzen bedeckt und enthält zartes Fruchtfleisch. Einen guten Namen haben die 'Ogen'-Sorten mit glatter, grünlich glänzender Haut, auf der sich helle Längsstreifen und unregelmäßige Flecken abheben.

Stangenbohne

Sie wächst je nach Sorte schnell über 3 m hoch an Stangen oder Draht. Daran bieten sie über einen längeren

Stangenbohnen und Zierkürbisse sind gute Nachbarn.

Zeitraum höhere Erträge als Busch-
bohnen. Ihre Früchte sind zarter,
feiner und wohlschmeckender, wenn
sie unausgereift gepflückt werden.
Sind die Samen hart geworden, läßt
die Bildung neuer Blüten nach. Wie
wichtig es ist, sie vorsichtig zu pflük-
ken, zeigen Versuche, in denen bis
zu 50 Prozent Mehrertrag erzielt wurde, weil die Ranken beim Ernten nicht
bewegt wurden.

Da sie aus den höheren Lagen der
Anden hierher gekommen sind, halten sie unser Klima gut aus, solange
es nicht friert. Trotzdem wünschen sie
einen warmen, windgeschützten Platz
auf leichtem bis mittlerem, humusrei-
chem Boden, der vor der Aussaat
und später in mehreren Gaben mit
organischem Volldünger versorgt
wird.

Tomate

Aus ihrer subtropischen Heimat
haben Tomaten den Wunsch nach
viel Sonne und Wärme mitgebracht.
Zugleich aber sind sie empfindlich
gegen feuchtes Laub, also angewiesen darauf, daß sie an Rankhilfen
hochgezogen werden. Im Sortiment
gibt es »unbegrenzt wachsende«
Sorten, die in der gärtnerischen Praxis als Stabtomaten bezeichnet werden. Sie wachsen 1,50 bis 2 m hoch,
wenn sie ab Februar oder März unter
Glas in Töpfen mit Blumenerde
(z. B. TKS 2) bei 18 bis 20 °C herangezogen werden. Die Triebe werden
locker in Form einer Acht hochgebunden und alle Achseltriebe aus-
gebrochen (ausgegeizt). Bevor erste
Nachtfröste drohen, zieht man eine
Plastikfolie über die Pflanzen; denn
später folgen meist noch viele
Wochen mildes Herbstwetter. Nicht
vollreif geerntete Früchte reifen im
Haus nach.

Kübelpflanzen

Gemüse-, Obst- und Zierpflanzen
wachsen fast alle auch in Kübeln. Nur
– warum sollten sie? Es sind hauptsächlich zwei Gründe: Einmal sind sie
in Gefäßen beweglich und können
beliebig aufgestellt werden, wo
schnell Sicht- und Windschutz am
Sitzplatz im Freien gebraucht wird.
Das war ursprünglich für Balkon und
Terrasse geplant, hat sich aber ebenso gut im Freien bewährt. Wo man
auf engstem Raum schnell dichtes
Laubwerk, Blüten und Früchte sehen
möchte, ist man auf zwergwüchsige
Spielarten oder artgerecht klein-
bleibende Kletter- und Spalier-
pflanzen angewiesen. Sie sind durchweg auf den vorherigen Seiten vor-
gestellt worden.

Der zweite Grund für die Kübelkultur
ist die Möglichkeit, solche tropischen,
exotischen, wärmeliebenden Pflanzen
in den Garten zu stellen, die im Freiland nie überleben könnten; nicht nur
im Winter, sondern auch in naßkalten
Sommern. Sie müssen beweglich
bleiben, damit man sie unter Dach
vor der rauhen Witterung schützen
kann. Es gibt auch einige schnell-
wüchsige, rankende Kübelpflanzen,
die warme Ecken wunderschön
begrünen, wie Bougainvilleen, Pas-
sionsblumen, Jasmin und andere.
Zum Überwintern werden sie zurück
geschnitten, oder man löst ihre Ranken vorsichtig von den Klettergerü-
sten ab und stellt die Pflanzen hell
und kühl, aber frostfrei auf.

Ampelpflanzen

Pergolen und Pavillons sind der ideale Platz, um Ampelpflanzen aufzu-
hängen. Unter ihnen gibt es Arten, die
nur herunterhängen und selbst mit
sanfter Gewalt nicht dazugebracht
werden können, nach oben zu wachsen und dort zu blühen. Auf sie müß-

Oben:
Fuchsien eignen sich für Ampeln und
Kästen an schattigen Standorten.

Oben rechts:
Kübelpflanzen grenzen den Sitzplatz gegen
Blicke und Sonnenstrahlen ab.

Links:
Der Hibiskus gehört zu den
Blütenschönheiten, die bei uns nur
im Kübel überdauern können.

Rechts:
Ampelpflanzen der neueren Generation –
die blaue Fächerblume (*Scaevola*) und
die weiße Schneeflocke (*Bacopa*).

te man schlicht verzichten, wenn sie nicht auf einen erhöhten Standort gestellt werden können. Das sind die Ampelpflanzen im engeren Sinne. Daneben gibt es eine Gruppe von Rank- und Schlingpflanzen, denen es mehr oder weniger egal ist, ob es auf- oder abwärts geht. Bei ihnen hängt es davon ab, ob sie Halt finden oder nicht. Eine dritte Gruppe sonst normal nach oben wachsender Topfpflanzen hat einige Spielarten entwickelt, die sich hängen lassen. Das gibt es von einigen Begonienarten, Fuchsien, Glockenblumen, Kakteen und Lobelien bis zum Zierspargel.

Ampeln – nicht nur Rot-Gelb-Grün

Das Zentralinstitut für Sonderkulturen und Zierpflanzen in Erfurt hat 200 Ampeln und 83 Balkonkästen mit insgesamt 50 Hängepflanzen auf wetterfeste Wüchsigkeit, Blütenfülle und Selbstreinigung überprüft. Aus der Bewertung nach dem Gesamteindruck sind folgende Kombinationen als die besten hervorgegangen:

1. *Dianthus chinensis* 'Telstar Mixed',
   Calceolaria integrifolia 'Goldari',
   Plectranthus fruticosus,
   Nolana 'Blauer Vogel'
2. *Calceolaria integrifolia* 'Goldari',
   Scaevola aemula 'Blue Wonder',
   Pelargonium-Peltatum-Hybride 'Luisenhof'.
3. *Begonia*-Knollenbegonien-Hybride 'Nonstop', rot,
   Dianthus chinensis 'Telstar Mixed',
   Viola cornuta, blau,
   Lobelia erinus 'Kathleen Mallard',
   Tagetes tenuifolia,
   Plectranthus fruticosus.
4. *Cuphea ignea*,
   Chrysanthemum paludosum,
   Begonia-Knollenbegonien-Hybride 'Nonstop', orange,
   Convolvulus sabatius.
5. *Verbena tenera* 'Kleopatra',
   Pelargonium-Peltatum-Hybride

'Luisenhof', lila,
   Scaevola aemula 'Blue Wonder'.
6. *Pelargonium-Peltatum*-Hybride 'Wico',
   Cuphea hissopifolia.
7. *Celosia plumosa* 'Red Kewpie', 'Geisha', creme und orange,
   Lobelia erinus 'Richardii',
   Brachyscome multifida,
   Convolvulus sabatius.
8. *Scaevola aemula* 'Blue Wonder',
   Dianthus caryophyllus 'Liliput',
   Verbena tenera 'Kleopatra'.
9. *Nicotiana affinis* 'Nico', weiß,
   Heliotropium arborescens 'Marine',
   Salvia splendens,
   Convolvulus sabatius.
10. *Pelargonium-Peltatum*-Hybride 'Summershowers',
    Scaevola aemula 'Blue Wonder'.
11. *Fuchsia*-Hybride,
    Verbena tenera 'Kleopatra'.
12. *Pelargonium-Peltatum*-Hybride 'Luisenhof', lila,
    Lobelia erinus 'Richardii',
    Lotus berthelotti.

Pflanzung und Pflege sind einheitlich bei allen Ampelpflanzen: Die Bodenlöcher der Gefäße werden abgedeckt, damit die Wurzeln nicht durchwachsen und sie verstopfen. Blumentopferde wird eingefüllt, die Jungpflanzen mit unversehrtem Ballen eingesetzt, abgedeckt, ein Gießrand gelassen, regelmäßig gegossen und mit flüssigem Volldünger versorgt, sobald Wüchsigkeit und Blüte nachlassen. Treten Schädlinge oder Krankheiten auf, wird erst bei massivem Auftreten ein nützlingsschonendes, zugelassenes Pflanzenschutzmittel eingesetzt. Ausdauernde Arten werden den Winter über ins Haus gebracht, kühl und hell aufgestellt und so wenig gegossen, daß die Wurzelballen lediglich nicht vollständig austrocknen.

Kletterpflanzen, Ampeln und Kübelpflanzen bringen Blütenpracht und Geborgenheit.

Kleines Lexikon der Fachausdrücke

Acrylglas Für ultraviolettes Sonnenlicht durchlässiges Plexiglas für Wände und Türen modern gestalteter Gartenhäuser.

Außenbeschläge Alle Eisen- und Metallteile, die an Gartenhäusern und Rankgerüsten der Witterung ausgesetzt sind.

Betonanker Flacheisenteile, die vom Hersteller in → Punktfundamente gegossen sind, um daran Tragbalken anzuschrauben.

Bichromatieren Korrosionsschutz durch zweifaches Eintauchen von Metallteilen in Chromsalzlösungen.

Bitumen Teerprodukt, mit dem Bahnen oder Schindeln aus Dachpappe grün, rot oder anthrazitfarben wasserdicht gemacht werden.

Blenden Zierbretter, mit denen der Dachrauch vorn und seitlich geschmückt und die Abdeckung festgehalten wird.

Blockhaus Gartenhaus, das aus meist flachrunden, an den Ecken über Kreuz gelegten Balken oder Bohlen im Westernstil errichtet wird.

Bodenplatte Auf den Bodenrahmen genagelte Bretter, die mit den Seitenwänden eines Gartenhauses verbolzt oder verschraubt werden.

Bohlen Schnitthölzer mit rechteckigem Querschnitt von mindestens 35 mm, höchstens 100 mm Dicke und mindestens dreimal so breit.

Carport Nach meheren Seiten offener Unterstellplatz für das Auto, der mit Kletterpflanzen bewachsen ist.

Eremitage Betont schlicht gehaltenes Land- oder Gartenhaus, ursprünglich für Einsiedler, seit dem Barock in künstliche Einsamkeit gestellt.

Feder Ausbuchtung an der Schmalseite von Brettern und Bohlen, die in die → Nut des Nachbarbretts geschoben wird.

Flechtelemente Aus schmalen, dünnen Brettern oder → Lamellen im Spankorbmuster abwechselnd um senkrechte Latten gelegte Wandelemente.

Flüssigholz Holzkitt zum Ausfüllen von Löchern, der nach dem Einspachteln schnell trocknet, hergestellt aus Holzmehl und Zellulose-Estern als Bindemittel.

Fundamentplatte Der Boden unter einem Gartenhaus muß unter ungünstigen Umständen durch eine mit Baustahlmatten gesicherte Betondecke abgestützt werden.

Galerie-Gartenhaus → Vorbau-Gartenhaus, bei dem der überdachte Sitzplatz im Freien über die ganze Länge einer Hausseite geht.

Gerätebox Verschließbare Unterbringung für wertvollen oder gefährlichen Gartenbedarf aus Stahlblech.

Gerätehaus Meist fensterloses Kleingartenhaus, in dem nur Möbel und Material untergebracht werden.

Gewindezugspindel Um → Blockhaus-Wände standfester zu machen, werden sie mit Steckstäben und Schraubspindeln zusammengezogen.

Giebelaufsatz Für Vorder- und Rückseite eines Gartenhauses aus Rahmenhölzern und senkrechten Brettern vorgefertigte Wandverlängerung bis unter das Dach.

Gitterbogen Zierbogen aus mehrfach wasserfest verleimten Leisten, der unterhalb waagerechter Sattelbalken angebracht ist.

Grabenfundament Bis in die frostfreie Zone des Untergrundes verlegte Betonunterlage für Seitenwände von schweren Gartenhäusern.

Grenzabstand Nach Länderrecht geregelter Mindestabstand eines Gartenhauses vom Nachbargrundstück, mindestens aber 3 m. Mit Einverständnis des Nachbarn kann ein Gartenhaus auch grenzständig errichtet werden. Zwischen zwei Gartenhäusern sollte dabei eine feuerfeste Wand eingeschoben werden.

Hirnholz Quer zum Faserverlauf gesägte Fläche von Bohlen und Balken, die besonders witterungsgefährdet ist.

Hobeldielen Als Fußbodenbelag vorgesehene, gehobelte Bretter von 20 bis 22 mm Stärke, die mindestens 80 mm breit sind. → Tannenriemen.

Höckersteine Betongußsteine mit Hohlkammern, 40 x 40 cm und 12 cm hoch, bis zu 42 kg schwer, die so gebaut sind, daß ein bis zwei Drittel der gepflasterten Fahrspur mit Rasen eingesät werden können.

Imprägnierungsmittel Alle dem Wetter ausgesetzten naturbelassenen Holzteile müssen mit einem zugelassenen, für die Umwelt unschädlichen Mittel („Blauer Engel") bestrichen werden, bevor man sie zusammenbaut.

Joch Zwischen den Pfosten liegender, oberer Abschnitt eines Rankgerüsts, gerade oder nach oben gewölbt.

Karbolineum Teerölprodukt, das zum Imprägnieren von Holzteilen nur dort eingesetzt werden sollte, wo nicht → kesseldruckimprägniertes Holz dauernden Erdkontakt hat.

Keilnut Vertiefung auf der oberen Schmalseite von → Blockhaus-Bohlen, damit sie dauerhaft fest ineinander verkeilt aufeinander liegen.

Kernholz Vom farblich helleren → Splintholz abgesetzter Kern von Kiefer, Lärche und Douglasie, der natürliche Abwehrstoffe gegen Schädlinge und Rotte besitzt, deshalb nicht chemisch imprägniert zu werden braucht.

Kesseldruckimprägnierung Vom Hersteller unter Druck imprägnierte Hölzer sind tiefer und dauerhafter vor Verwitterung, Fäule und Pilzbefall geschützt.

Kiosk Meist runde oder quadratische Gartenhausform, die auch als Verkaufsstand genutzt werden kann.

Klinkerpflaster Mit Ziegelsteinen in abwechslungsreichen Mustern flach oder hochkant in Sand oder Magerbeton ausgelegte Einfahrten oder Zuwege.

Klöntür Wie eine Stalltür aus zwei Flügeln übereinander bestehende Tür für ein rustikales Gartenhaus.

Knüppelholz Naturbelassenes Rundholz, das im ländlichen Garten für Möbel, Rankgerüste und Sitzplatzeinfriedungen gebraucht wird.

Koffer Je schwerer ein Weg belastet wird, umso tiefer muß er ausgekoffert und mit unterschiedlich grobem Steinmaterial aufgefüllt werden.

Konterlattung Lattenrahmen, der auf eine Wand genagelt wird, die mit Mineralfasern oder Schaumstoffen isoliert werden soll.

Kunstharzlack Lackanstriche mit hohem Anteil von Lösungsmitteln sowie schwer oder nicht auswaschbare Schutzsalze sollten nicht verwendet werden!

Lamellen Schmale, dünne Bretter, die waagerecht abwechselnd vor und hinter senkrecht stehende Latten gelegt werden, so daß der Eindruck von Flechtwerk entsteht.

Laschen Flacheisen in Betonsockeln oder -fundamenten, an die einige Zentimeter über dem Boden die Pfosten geschraubt werden.

Latticefüllung Spalierelemente zwischen Pergolapfosten, die mit Latten diagonal ausgefüllt sind.

Leimholzbalken Aus Brettern mit Resorcinharz verleimte Balken von hoher Tragkraft, ohne Risse und Verwindungen.

Mittelstoß Am Giebel die Stelle, wo beide Dachhälften zusammentreffen.

Nut Einschnitt in die Schmalseite von Brettern und Bohlen, in die eine → Feder des Nachbarbretts geschoben wird.

Pagode Aus Fernost übernommener Rund- oder Polygonalbau mit mehrstufigem Dach. In England als Gartenhausstil geschätzt.

Pavillon Freistehendes, kleines Gartenhaus, nach allen Seiten offen oder verglast, rund, viereckig oder polygonal, als Blickfang attraktiv gestaltet.

Pergola Ursprünglich eine Weinlaube als bedachter Vorraum, später auf Pfosten oder Säulen stehender Laubengang, der von Kletterpflanzen berankt ist.

Pfette Langer Balken der Dachplatte, auf den quer die Bretter der Abdeckung genagelt werden. Die Rand-, First- und Mittelpfetten werden auf den Seitenwänden und Giebelteil verschraubt.

Polygonal Vieleckig

Punktfundament Betonsockel, in den einzelne → Laschen zur Befestigung von Pfosten eingegossen sind, werden 70 bis 80 cm tief im Boden eingegraben oder in Löcher gegossen.

Rauhspund Unbearbeitete Bretter, die als Wandauflage einen naturnahen Eindruck vermitteln.

Reetdach Dachbedeckung aus trockenem, holzreichem afrikanischen Schilf oder heimischen Riedgräsern.

Reiter Quer auf den → Sattelbalken einer Pergola befestigte Hölzer, Reste der Querbalken einer zweihüftigen Pergola.

Riegel Querbretter einer Tür oben und unten, mit einem diagonalen Brett in Z-Form von der unteren Türangel schräg nach oben zur Schloßseite verstrebt.

Rotholz Rotzedernholz aus Kanada (*Thuja plicata*) ist ungeschützt besonders wetterfest. Rotholzschindeln werden auf den Dachlatten ohne Unterlage frei verlegt, damit sie atmen können.

Runddach Ähnlich dem Gartenschirm wie ein Pilzhut auf einem starken Mittelstamm sitzendes Dach.

Sattelbalken Längsverbindung oben auf den Pfosten oder Säulen einer → Pergola.

Schilfpuscheln Bündel von Schilf oder Rohrgräsern, die in Stufen zu einem Schilfdach verlegt werden.

Schlagwasser Starker Regen, der seitlich an die Wand des Gartenhauses schlägt.

Sinusprofilplatten Wellplastik als Abdeckung für den Carport und Sitzplatz im Freien, bietet Schutz vor UV-Strahlen. → Trapezplatten.

Spalier Rankgerüst freistehend oder an einer Mauer für Spalierobst oder Kletterpflanzen.

Splintholz Bei Kiefer, Lärche oder Douglasie vom → Kernholz abgesetztes helleres Holz vom Rand der Stämme.

Stegdoppelplatten Abdeckplatten aus Plexiglas, 16 mm stark, farblos, braun oder weiß getönt.

Stich Erhebung der Schweif- oder Segmentbogen über die Waagerechte.

Styrofoam Schaumstoff zur Isolierung von Fußboden, Wänden und Dach eines Gartenhauses, heute nur noch FCKW-frei aufgeschäumt.

Tannenriemen Fußbodenbretter → Hobeldielen.

Teehaus Gartenhaus im englischen Kolonialstil aus Asien.

Trapezplatte Wie → Sinusprofilplatte gewellte Abdeckplatte mit eckigem, im Querschnitt trapezförmigem Profil.

Überblatten Ein Kantholz wird verlängert, indem man es von der Stirnseite her in der Mitte einsägt und die gegenüberliegenden Hälften ausnimmt.

vac-imprägniert Holzschutz, der im Vakuum angebracht wird.

Verbundsteine Betonsteine in Zickzackform, die in der Fahrspur besser die Schubkraft der Räder aushalten.

Vorbau-Gartenhaus Gartenhaus mit einem überdachten Sitzplatz vor der Giebelwand.

Winkelstreben Versteifung zwischen den Pfosten und → Sattelbalken einer Pergola.

Zapfen Fachgerechte Holzverbindung in einer → Nut.

Bezugsadressen

Arbeitsgemeinschaft
HOLZ e. V.
Füllenbachstr. 6
40474 Düsseldorf

Beckmann KG
Simoniusstr. 12
88239 Wangen

BLUM GmbH
Hasenheide 64
10967 Berlin

A. Brand/Lärmschutz-,
Holzindustrie
Freisinger Str. 24,
84048 Mainburg

Gebr. Camminady GmbH
Germaniahütte
Postfach 32 25
57349 Lennestadt (Grebenbrück)/Sauerland

Caravita
Zehentstr. 36
85055 Ingolstadt

Glas-Hetterich
Uferweg 34
63571 Gelnhausen

Robert Geiger
Karlstr. 611
74405 Gaildorf

Grötzinger
Kolpingstr. 21
33442 Herzebrock

GAIDT Blockhäuser
Dorstener Str. 464-468
44809 Bochum-Hofstede

Holzbau Hieber
Garten- und Wochenendhäuser
Postfach 8
73561 Mögglingen

Hill Hout Gaza Holzhandels
GmbH
Froningholz 10
59368 Werne

Holgard Holz im Garten
Deutschland GmbH
Bürgermeister-Reiger-Str. 18
86720 Nördlingen

Hölscher + Leuschner
Siemensstr. 10-15
48488 Emsbüren

Köster Holz
Postfach
48431 Rheine

Holz-Kreiner
Bischof-Kaller-Str. 1
61462 Königstein

Gerhard Kübler
Säge-, Zaun-, Imprägnierwerk
88279 Amtzell-Winkelmühle

KÜPA GmbH
Kolberger Str. 18
33098 Paderborn

LEMALIT oHG
Edenthalweg 24
85196 Rohrbach

Holzwerkstatt K. A. Mazur
25841 Langenhorn

Holzbau Merk
Industriestr. 10
86551 Aichach

Original Rosenbogenversand Germany
Postfach
40477 Düsseldorf

Ostermann & Scheiwe
GmbH & Co.
Postfach 63 40
48155 Münster

Palmen GmbH
Gewerbegebiet
52525 Heinsberg

peters + peters GmbH
Boschstr. 7
24568 Kaltenkirchen
G. A. Pfleiderer GmbH
Ingolstädter Str. 51
92318 Neumarkt

POLO Gartenhäuser
Holzhaus Schneider GmbH
Gewerbestr. 3 P
42929 Wermelskirchen

Christel Plasa Country
Garden
Auf den Beeten 12
72119 Ammerbuch

Relo-Holz GmbH
Ottostr. 16
76676 Graben-Neudorf

RIWO
Im Acker 23
56290 Dommershausen

ROBINSON GmbH
Tegelbarg 13
24576 Bad Bramstedt

RO-REI Reisenweber KG
Holzwarenfabrikation
96271 Grub am Forst

RÖTAL Gartenhäuser
Kleinwolmsdorfer Str. 3
01477 Arnsdorf bei Dresden

Salzberger
36286 Neuenstein-Aua

Michael Schmidt-Paris
Gut Schönau
21465 Reinbek-Ohe

Schulte-Holz GmbH
Im Bruch 2
577413 Finnentrop

Sieben Eujen
Hinter dem Rahmen 6
26721 Emden

STEINHAUER-Holzfertigbauten
Hauptstr. 13-19
57612 Kircheib/Westerwald

TIKO Gartenhaus GmbH
Bauersheimer Weg 7
2003 Friedland

Gebr. Wahl GmbH
Postfach 80477
57339 Erndtebrück

WERTH-HOLZ GmbH
Postfach 980
57413 Finnentrop-Rönkhausen

Wohnen mit Holz
Wolfskaut 17c
38836 Westerburg

3 S Gartenhäuser
Maschmühlenweg 99
37081 Göttingen

Register